É HORA
DE FALAR

Helen Lewis

É HORA
DE FALAR

Prefácio
Michael Longley

Prefácio da edição de 1992
Jennifer Johnston

Tradução
Milton Chaves de Almeida

Rio de Janeiro | 2013

Copyright © Helen Lewis, 1992.
Copyright do prefácio da edição de 1992 © Jennifer Johnston, 1992.
Copyright do prefácio © Michael Longley, 2010.

Capa: Sérgio Campante

Imagem da capa: Latinstock/ Michael St. Maur Sheil/ Corbis

Editoração eletrônica: Imagem Virtual Editoração Ltda.

Texto revisado segundo o novo
Acordo Ortográfico da Língua Portuguesa

2013
Impresso no Brasil
Printed in Brazil

CIP-Brasil. Catalogação na fonte
Sindicato Nacional dos Editores de Livros, RJ

L652h	Lewis, Helen, 1916-2009
	É hora de falar / Helen Lewis; tradução Milton Chaves de Almeida. — 1ª ed. — Rio de Janeiro: Bertrand Brasil, 2013. 224p.; 21cm
	Tradução de: A time to speak ISBN 978-85-286-1796-2
	1. Lewis, Helen, 1916-2009. 2. Judeus — Checoslováquia — Biografia. 3. Holocausto judeu (1939-1945) — Narrativas pessoais. 4. Checoslováquia — Relações étnicas. I. Título.
	CDD — 940.5481498
13-01992	CDU — 94(100)'1939/1945'

Todos os direitos reservados pela:
EDITORA BERTRAND BRASIL LTDA.
Rua Argentina, 171 — 2º andar — São Cristóvão
20921-380 — Rio de Janeiro — RJ
Tel.: (0xx21) 2585-2070   Fax: (0xx21) 2585-2087

Não é permitida a reprodução total ou parcial desta obra,
por quaisquer meios, sem a prévia autorização por escrito da Editora.

Atendimento e venda direta ao leitor:
mdireto@record.com.br ou (0xx21) 2585-2002.

para Michael, Robin, Daniel, Benjamin,
e em memória de Harry

para libertar o amor e a tristeza de seus quartos separados,
extraído de "Gueto", de Michael Longley

Prefácio

> Existem muitas pessoas que dedicaram suas vidas
> à dança. No entanto, não existem muitas delas
> que podem afirmar sinceramente que a dança
> salvou suas vidas. Mas foi justamente isso o que
> aconteceu comigo.

Essas palavras fazem parte da entrevista em que Helen Lewis explicou como sobreviveu ao gueto judeu de Terezín e depois a Auschwitz. Em *É Hora de Falar*, ela relata a escalada de horrores e depois a providencial sequência de acasos felizes que, apesar de todas as probabilidades contrárias, a fez parar em Belfast e passar a viver lá, em 1947. Após muitos anos como coreógrafa e professora de dança bastante conhecida na cidade, ela criou o Grupo de Dança Moderna de Belfast, no início da década de

1960. Sua reação artística ao Holocausto se expressava sobretudo, por intermédio da dança, em obras como *Fases* e *Existe um Tempo*, em um estilo de dança dramatúrgica que talvez haja parecido um tanto vanguardista na Irlanda do Norte da época.

Incentivada por seus irmãos Michael e Robin, Helen começou a escrever, em 1986, *É Hora de Falar*, obra que foi compondo à mão, para que depois Harry, seu marido, a datilografasse em sua antiga Olivetti. Numa carta enviada a mim, Robin Lewis disse: "A obra materializou as narrativas feitas à família durante muitos anos [...] Tenho quase certeza de que o nascimento de Daniel, seu primeiro neto, em outubro de 1986, foi o incentivo que a levou a criar um registro escrito permanente de suas experiências para outra geração." Helen pediu que eu desse uma olhada em sua obra. Quando pesados envelopes começaram a ser postos em nossa caixa de correspondência, com rascunhos dos capítulos que acabariam se tornando seu assombroso livro de memórias, eu me senti bastante honrado. Reuníamo-nos em minha casa ou na dela, situada a poucos metros da minha, para examinar cada novo maço de escritos. Harry costumava se anunciar mostrando os cabelos grisalhos por detrás da porta e gracejava: "Quem poderia imaginar que eu me casaria com uma pérola como esta?" Afinal, Helen era uma esteta da palavra e contadora de histórias com um talento inato. Eu era apenas um especialista em manutenção e restauração de móveis de luxo. Recomendei o livro de Helen a Anne Tannahill, da Blackstaff Press, que depois disse que a publicação de É Hora de Falar era o ponto alto de sua carreira. Com um prefácio apaixonado de Jennifer Johnston, o livro foi publicado pela primeira vez em outubro de 1992. Críticos e colunistas receberam a obra com entusiasmo, que se tornou best seller na Irlanda e foi adaptada em seriado pela irlandesa RTÉ, publicada nos Estados Unidos e traduzida na Itália e na República Checa.

Em É Hora de Falar, Helen mapeia as profundezas do Inferno e, ao fazê-lo, nos dá uma obra de arte irrepreensível. Mesmo nos guiando por um terreno cheio de pesadelos apavorantes, em nenhum momento ela pisa em falso. Seu tom permanece sereno; seu estilo, simples. Mas essa forma de expressão esconde o martírio de sua necessidade de recordar. É simplesmente heroico dar testemunho, como Helen o faz, do abismo mais fundo da experiência humana. Sem exaltar o estilo, qual outrem faria se movido por amargura ou raiva, ela nos fala das viagens em vagões de transporte de gado sufocantes; do despreocupado ato de separar pessoas que deveriam continuar a viver ou morrer, em operações que eram chamadas de "seleções"; de morte por inanição e doenças; dos infindáveis toques de chamada para que se apresentassem em pátios, independentemente das condições climáticas; das regras loucas e perversas; das surras, torturas e execuções; das marchas macabras, nas quais prisioneiros e guardas "eram atados uns aos outros de acordo com sentimentos de ódio, medo e baixeza moral".

Muitas vezes, Helen escolhe apenas uma ou duas imagens para transmitir o horror da situação vivida por ela: a hora em que passavam no banheiro coletivo tentando desesperadamente "roubar umas das outras [um pouco] do precioso filete da água" [que escorria no local] ou, durante o almoço, em que a continuação da vida dependia "da posição da concha", pois, "se, por acaso, ela ficasse quase deitada sobre a superfície [da sopa], a pessoa conseguiria apenas uma tigela de água morna impregnada do débil cheiro do que poderia ter recebido [como alimento de fato]. Mas, se a concha fosse enfiada verticalmente no barril, sairia de lá com nabo, um pouco de cevada e talvez até com a estranha batata de sempre". O contador de histórias em Helen sabe que, quando o mundo é surrealista — "sem o mínimo de lógica ou bom senso" —, os detalhes falam por si mesmos. Em Auschwitz, "a natureza havia morrido junto com as pessoas. Os pássaros tinham fugido da fumaça negra dos fornos crematórios, fumaça que a tudo impregnava, e sua partida deixou um silêncio que mais parecia um grito de horror".

Os primeiros capítulos de É Hora de Falar mostram que, primeiro, os nazistas confundiam e humilhavam os que eles iriam destruir. As leis racistas de Nuremberg, instituídas por Hitler em setembro de 1935, foram ampliadas várias vezes na década seguinte e aplicadas impiedosamente. As autoridades corruptas da Alemanha aprovaram leis para o confisco dos depósitos bancários dos judeus, bem como de suas casas, de suas joias, de seus rádios e até de seus animais de estimação. Nestas páginas, veremos a civilização desintegrar-se à medida que abandona os judeus à própria sorte. Eles eram proibidos de frequentar "parques públicos, piscinas, teatros, cinemas, restaurantes e cafés", escreve Helen. Seus carnês de ração valiam muito menos do que os de outras pessoas. Passaram a ser obrigados a fazer viagens em vagões especiais e somente durante certas horas do dia. A instituição do uso obrigatório da estrela amarela, que tinham de usar em público sempre, destinava-se a fazer com que "[se] torn[assem] alvos fáceis para todos que quisessem submet[ê-los] a maus-tratos ou atac[á-los]". Humilhações prolongadas com tamanha amplitude foram astutamente planejadas, expediente que resultou num aviltamento supremo e implacável das vítimas: como forma de identificação, números tatuados no corpo, em vez do uso de nomes; identidades destruídas em campos de trabalho forçado e nas câmaras de gás. A Solução Final foi, entre outras coisas terríveis, um triunfo da burocracia.

Contudo, no fim das contas, *É Hora de Falar* triunfa, revelando-se um instrumento de enaltecimento da vida e da arte. O centro das preocupações da obra está nas páginas maravilhosas em que Helen relata como foi salva, pelo menos por algum tempo, por seus dons. Exausta e à beira da morte, acabou sendo levada a participar de um daqueles estranhos eventos culturais que, de vez em quando, os nazistas organizavam para complicar ainda mais o pesadelo de suas vítimas — uma apresentação de balé encenada pelas prisioneiras de seus campos de morte:

> Uma hora depois, a valsa *Coppélia* tomou corpo e certa organização. Isso, em si, considerando as circunstâncias, foi algo notável, mas, dentro de mim, havia acontecido um milagre. A ocasião e o lugar simplesmente se apagaram de minha memória e até eu mesma me esquecera de mim. Nem percebera que o salão quedara em silêncio, que os outros ensaios tinham sido interrompidos e que todos haviam se reunido em volta de mim para me ver dançar. Isso me deixou muito contente, pois, onde antes imperava o caos, havia dança agora.

As jovens ficaram radiantes. Seguiram-se uma salva de aplausos e gritos de entusiasmo, que se transformaram num refrão: "Dance para nós; por favor, dance para nós!"

Continuei em transe. Tirei os tamancos, o excelente tocador de acordeão tocou um tango e comecei a dançar. Onde foram parar a fome, o medo, a exaustão? Como eu podia dançar com os pés ulcerados pela neve? Não me importei nem procurei entender; tratei de dançar e isso bastou para mim. Quando terminei, eles me abraçaram e beijaram, chamando-me de sua "estrela", e me carregaram em seus ombros. Alguns me deram pão com um pouco de margarina e até com geleia.

"Onde antes imperava o caos, havia dança agora": essa afirmação extraordinária poderia ser o lema deste livro.

De Auschwitz, Helen foi enviada para trabalhar na construção de um aeródromo no campo-satélite de Stutthof, perto de Gdańsk. A essa altura, os soldados do Exército Vermelho estavam fechando o cerco sobre as tropas inimigas, tanto como vingadores quanto como salvadores. Os prisioneiros que conseguiam manter-se de pé foram evacuados pelos alemães em janeiro de 1945, despachados para outro lugar no que chamaríamos, em retrospecto, de marcha macabra. "Se os guardas fossem seres humanos racionais, teriam fugido e salvado a própria pele. Mas, em vez disso, ficaram conosco, determinados a se manter obedientes às ordens recebidas até a morte, ordens para nos odiar e atormentar e, por fim, nos matar." Helen relata a viagem longa e terrível através do gelo e da neve, sua fuga súbita e improvisada e o início de sua recuperação. Ela voltou para Praga no verão desse mesmo ano e soube, por acaso, que Paul, seu marido, havia morrido no Campo de Concentração de Schwarzheide. Helen perdeu também a mãe, muitas tias, tios e primos no Holocausto.

Em outubro, recebeu uma missiva, "uma carta de Harry, de Belfast, daquela distante cidade em terras estrangeiras". Helen conhecia Harry desde a infância, vivida em Trutnov. Ele tinha fugido da Checoslováquia com os pais em 1939 e se estabelecera em Belfast, onde ele e o pai tinham amigos e contatos entre o pessoal das fábricas de produtos de cama e mesa. Harry resolveu enviar uma carta a Helen após achar o nome dela numa lista de sobreviventes publicada pela Cruz Vermelha. Eles se casaram em Praga, em junho de 1947, e foram morar em Belfast. "Passei meus dois primeiros anos aprendendo a entender aquele estranho lugar, seu idioma, seus costumes e seu povo." Ela costumava me dizer, em tom de brincadeira: "Em Belfast, os católicos são mais católicos, os protestantes são mais protestantes, e até os judeus, meu querido, são mais judeus!" Embora estivesse segura agora, ela era frequentemente atormentada por um pesadelo: "Ele cessou, para nunca mais voltar, depois do nascimento de Michael, nosso primeiro filho, em 1949."

É Hora de Falar é um relato sobre "o maior pesadelo de todos os tempos da humanidade", para citar o romancista Ian McEwan, que leu a versão datilografada do livro. Helen Lewis lutou para sobreviver no canto mais sórdido da história. Mas conseguiu sobreviver para ensinar os jovens de Belfast a dançar e dar ao mundo este testemunho chocante. Ela morreu na véspera do Ano-Novo de 2009, num dia em que nevava em Belfast.

MICHAEL LONGLEY
BELFAST, JULHO DE 2010

Prefácio da edição de 1992

É difícil apontar um gênero em que se possa classificar este livro. Acho que poderia dizer que é uma autobiografia, e ponto final; mas ele é um pouco mais que isso. É uma autobiografia com o formato e o ritmo de um romance, a ordenação lógica de um romance, os batimentos cardíacos de um romance cheio de vida. Todo o cabedal de recursos literários do romancista se encontra aqui — amor e luto, amizade e traição, terror e espirituosidade, alegria e desespero, o bem e o mal, morte e sobrevivência —, mas não há ficção nele, tampouco nenhum dos artifícios do romancista para prender a atenção do leitor, nem nada aqui é manipulado tal como o faria um romancista; seu feitio é inerente à própria veracidade intrínseca da obra; nada é imposto. Helen Lewis não faz especulações, nem jamais inventa nada; aqui, só existe verdade, o testemunho da verdade. Ela conta sua história com assombrosa integridade e, em suas mãos, mais do que um simples relato ou uma história, ela se transforma numa obra de valor histórico.

Este livro é o testemunho de uma mulher que sobreviveu ao que era impossível de sobreviver. Isso, em si, é um milagre, pelo menos para aqueles que acreditam nessas coisas; já o livro é outra história. É escrito com tal graciosidade estilística que é impossível acreditar que o inglês não é a língua materna da autora. Em suas linhas, se entrelaça um misto de perspicácia espirituosa, ternura e tristeza, mas também de raiva saudável e moderada, que jamais é expressa em forma de condenação e rancor.

No transcurso dos anos, muitas pessoas fizeram as seguintes perguntas: Por que os judeus permitiram que esse tipo de coisas acontecesse com eles? Por que, aparentemente, foram coniventes com o extermínio de sua própria gente? Helen Lewis nos dá as respostas a essas perguntas: a destruição das liberdades civis, o confisco de depósitos bancários, a apropriação indébita de casas e apartamentos, além da perda de empregos, foram medidas astutas, elaboradas para minar a confiança das vítimas, gerar ansiedade, isolar o povo judeu de seus amigos e companheiros. Os judeus foram proibidos de frequentar "parques públicos, piscinas, teatros, cinemas, restaurantes e cafés", e até a carreira promissora de Helen como dançarina chegou ao fim quando ela não teve mais permissão para participar de nenhuma produção artística. Os carnês de ração dados aos judeus valiam menos do que os de outras pessoas. Eles tinham de viajar em vagões e bondes especiais, e isso somente durante certas horas do dia. Seus rádios foram confiscados. Em toda parte, havia espiões — pessoas que pareciam ter prazer em delatar seus vizinhos judeus às autoridades quando eles saíam da linha ou se comunicavam com amigos não judeus. A estrela amarela tornou-se o símbolo máximo de seu isolamento: uma raça inteira, pessoas de todos os estratos sociais — ricos, pobres, artistas, lojistas, empresários, professores — haviam se tornado párias, pessoas rejeitadas pela sociedade em cujo seio tinham vivido e trabalhado. Tudo isso se destinava a isolá-las e desmoralizá-las como preparativo para sua deportação.

Mas deportação para onde? Por quanto tempo? As respostas a essas perguntas se resumiam apenas a boatos inaceitáveis nos quais ninguém ousava acreditar. Os judeus embarcavam confusos e amedrontados nos veículos de transporte sem nada levar — nenhum consolo, pouca esperança e muito despreparados para o que havia sido providenciado contra eles.

É fácil demais classificar como monstros os torturadores, os perpetradores de humilhações, os assassinos. O fato é que devemos sempre nos lembrar de que, embora eles fossem monstros mesmo, a sua maior parte era de homens e mulheres comuns que tinham família também. O que desviou esses homens e mulheres dos caminhos da humanidade pode acontecer novamente e é importante que não nos esqueçamos e que não permitamos que nossos filhos se esqueçam dos horrores que testemunhamos em nossas vidas. O sofrimento de milhões nos campos de martírio de Hitler e Stálin, nas prisões da Romênia, da África do Sul e do Chile, dos desaparecidos, dos desesperados, dos encarcerados por motivação política e religiosa e por arbitrariedades políticas jamais deve ser esquecido, e não apenas por causa de seus tormentos, mas também para evitarmos que alguém tenha permissão de fazer essas coisas novamente. A esse propósito, permitam-me citar uma passagem do Eclesiastes:

> Tudo tem a sua ocasião própria, e há tempo para
>   todo propósito debaixo do céu:
> Há tempo de nascer, e tempo de morrer;
> Tempo de matar, e tempo de curar;
> Tempo de chorar, e tempo de rir; tempo de
>   prantear, e tempo de dançar;
> Tempo de calar-se, e tempo de falar.

Helen Lewis escolheu seu tempo de falar.

Somente os mortos conhecem a verdade integral, e algumas das testemunhas que sobreviveram assumiram a responsabilidade de falar por eles. A nós, cabe a tarefa de escutar e jamais nos esquecermos do que nos tenham dito.

JENNIFER JOHNSTON

1

Quando criança, minha única tristeza era o fato de que eu não tinha um maninho ou uma irmãzinha com que pudesse brincar e que, portanto, tinha de procurar colegas fora de casa para tanto. Na opinião de todos, eu era uma criança alegre, simples e sociável; contudo, às vezes me rebelava contra alguns aspectos de uma criação típica de filhos da classe média que, talvez, era oriunda de uma primitiva visão romântica sobre a necessidade de um convívio e tratamento igualitário entre todas as pessoas.

Morávamos em Trutnov, num apartamento espaçoso e confortável, parte de um casarão de propriedade da família, com meus avós vivendo no apartamento de baixo, situação que, às vezes, fazia minha vida em família parecer um tanto claustrofóbica. Como única criança da casa, naturalmente era muito amada e mimada por todos, porém, em meus momentos de rebeldia e solidão infantil, procurava a companhia de Lumpi, o gato da família, ou me refugiava nos braços de Gusti, a empregada, que desempenhou um papel de suma importância em minha criação. Gusti era uma patriota checa; minha família, como a grande maioria das famílias de nossa pequena cidade fronteiriça da região dos Sudetos, além de ter o alemão como seu principal idioma, seguia a cultura, tinha a aparência e usava as roupas ao gosto dos alemães.

Conheci outro estrato social em nossa sociedade quando iniciei os estudos na escola primária local para meninas, onde fiz amizade com crianças oriundas de ambientes sociais muito diferentes do meu. Antes desse contato, eu não dava valor à nossa casa confortável e bem-mobiliada, com seu esplêndido piano de cauda, e à enorme estante de livros, muito bem-provida de boas obras. Para espanto e certo desconforto meus, soube que alguns de meus novos amigos moravam em apartamentos apertados, onde, sem uma "Gusti", suas mães faziam todo o trabalho doméstico, ao passo que minha mãe, após realizar a parte das tarefas que lhe cabia, punha roupas elegantes e saía para passear à tarde. Diante das duas situações opostas, fiquei na dúvida quanto ao tipo de vida que eu preferia e, quando levantei a questão em casa, deparei bem-humorada surpresa por parte de meus pais e zombaria da parte de Gusti, que reprovou o despertar de minha consciência social.

Meus pais eram grandes amantes da música, e minha mãe, também uma notável pianista. De tanto ouvi-la tocar e cantar desde tenra idade, familiarizei-me com obras de Schubert, Brahms e Schumann. Já com meu adoentado e gentil avô, aprendi a adorar a poesia de Goethe, Schiller e Heine. Meu pai lia para mim lendas de origem grega e escandinava e contava-me histórias emocionantes — o enredo de óperas —, que depois eu encenava com amigos. Aos 6 anos, tive minha primeira aula de dança e, ao voltar para casa, anunciei com firmeza que me tornaria dançarina. Embora ninguém se houvesse dado conta disso, eu havia tomado então uma decisão irrevogável em minha vida.

Aos poucos, a dança tornou-se uma força vital em minha vida, à medida que eu avançava lentamente por minhas tentativas infantis na direção de um interesse mais sério por ela, no que fui orientada e às vezes até criticada, mas, de forma geral, docemente incentivada por meus pais. Aos 10 anos, chegaram a me dar permissão para frequentar nas férias um curso de dança internacional para crianças, em Laxemburgo, perto de Viena.

Durante o ensino médio, tomei conhecimento de divisões e subdivisões mais sérias no tecido social de nossa vida nacional e religiosa. Eu era judia, embora menos judia do que alguns de meus amigos, cujas famílias observavam os preceitos e rituais judeus de forma mais rigorosa do que a minha. Eu era alemã também, conquanto não fosse alguém do tipo fervorosamente nacionalista, tal como alguns de meus colegas de classe. Meu lar era a democrática República da Checoslováquia; minha língua materna, o alemão; minha religião, o hebraico. "Quando foi a primeira vez que me perguntei a que lugar eu pertencia?", pensei comigo. Fui membro entusiasta do Juventude Sionista, mas por pouco tempo: minha família era radicalmente contrária a qualquer forma de exclusivismo.

Na escola, tive relações amistosas e descomplicadas com professores e colegas de classe até por volta de 1933, quando os primeiros ecos dos acontecimentos originados no outro lado da fronteira chegaram às comunidades germânicas da Checoslováquia e permearam todas as esferas de nossas vidas, alcançando até as salas de aula. Daí por diante, nossa inocência e nossos sentimentos de confiança espontânea foram postos à prova. Em casa, fervilhavam as conversas sobre os novos e terríveis acontecimentos na Alemanha e vimos chegar os primeiros refugiados ao seio de nossa sociedade.

Na escola, ocorreu um incidente na aula de literatura alemã. Uma garota — aliás, amiga íntima minha — fez um discurso sobre Frederico, o Grande, cuja essência era um elogio maldissimulado a Hitler. A classe acolheu o discurso com entusiasmo. Sabe-se lá como, o fato chegou ao conhecimento das autoridades checas, que, alarmadas, fizeram uma investigação. A jovem, que a essa altura havia se tornado uma heroína nacionalista e que logo se transformaria em mártir, foi duramente repreendida. A classe reagiu decretando um boicote aos três alunos judeus da turma, um dos quais foi erroneamente considerado a causa do vazamento do fato. Foi uma experiência triste e perturbadora, que fez surgirem em minha mente as primeiras questões sérias a respeito de amizade e lealdade.

Nas férias de verão desse mesmo ano, 1934, meu pai morreu trágica e inesperadamente. De um dia para outro, a segurança acolhedora e aconchegante de meu lar se desfez como fumaça e, depois disso, nada foi como antes.

Meu empenho no último ano da escola se voltou inteiramente para as provas finais, que eram sumamente importantes e decisivas para o nosso futuro. Todas as outras considerações ficaram em segundo plano e voltamos a ser colegas de classe ou talvez até amigos. Fui aprovada com notas muito boas, e a expectativa era de que eu fosse para a universidade estudar línguas ou literatura, já que tinham sido as disciplinas em que me havia saído melhor. Minha família e meus amigos, bem como muitos de meus professores, ficaram abismados quando resolvi estudar para me tornar dançarina profissional. Minha mãe, convicta de minha sinceridade e depositando esperanças em meu talento, me apoiou de todas as formas e, assim, no fim das férias, nos despedimos dos familiares e dos amigos e nos mudamos para um pequeno apartamento em Praga, a fim de iniciarmos uma nova vida.

2

Praga foi uma revelação. Em minhas breves visitas anteriores, eu havia visto e admirado os famosos locais históricos e a beleza arquitetônica da cidade. Agora, assombrada e encantada, acabei descobrindo a riqueza e a variedade da vida cultural dos checos. Meu contato mais imediato e patente com esse mundo se deu por meio da dança.

Após uma semana inteira de testes e ensaios para conseguir uma vaga como dançarina, recebi uma carta declarando que, embora eu não tivesse nenhuma experiência, tinha talento suficiente para ser admitida num curso de formação profissional. Fiquei animadíssima, embora também abalada, ao me dar conta de que anos de aclamação como dançarina em minha cidadezinha natal apenas me conferiam o status de iniciante.

Junto com o árduo e quase sempre exaustivo treinamento, fui iniciada no conhecimento da música, da arte e da literatura checa. Embora tivesse apenas os rudimentos do idioma checo, meu conhecimento da língua melhorou rapidamente e colegas do curso logo se tornaram meus amigos. Via com grande admiração Milča Mayerová, a diretora da escola de dança e também a principal professora da instituição. Ela era uma esplêndida professora e coreógrafa, mas nem sempre uma educadora sensível e paciente. Houve muitas ocasiões em que chorei em segredo, frustrada com a lentidão de meu progresso como aluna, porém eu sempre tinha o cuidado de me apresentar com um verniz de ânimo e contentamento aos olhos de minha mãe, que havia ajudado a concretizar o meu sonho e estava pagando as despesas de minha formação do próprio bolso.

Na época, eu ainda me achava sob pressão da família e de meus antigos professores para que estudasse algo mais "prático" do que a dança; com o tempo, acabei cedendo e me matriculei na Universidade Alemã de Praga para estudar filosofia. A escolha do curso foi determinada por meu senso de prioridades: o curso de filosofia interferiria minimamente no tempo que eu dedicava à dança.

Quase sempre, aos domingos, eu saía em passeios exploratórios pela cidade de Praga e das áreas rurais na companhia de minha mãe e, à noite, ia a tantos concertos, óperas e peças teatrais quanto me fosse possível frequentar com o tempo e o dinheiro de que dispunha. No fim desse primeiro e difícil ano no curso de dança, consegui um sucesso animador: organizaram um concurso de coreografia com todos os alunos da escola e acabei ganhando o prêmio principal.

Passava as férias em Trutnov, nadando e passeando pelas montanhas, mas não a considerava mais o meu lar. Afinal, eu tinha mudado e, agora um pouco mais madura e experiente, me afastara de muitos de meus antigos amigos, os quais, por sua vez, haviam abraçado interesses muito diferentes dos meus. Nessa época, encontrava-me frequentemente com meu amigo Harry, embora ele também parecesse muito confuso com minha dedicação exclusiva à carreira que eu escolhera.

Quando voltei para a escola, ficou claro para meus professores e colegas de classe, bem como para mim mesma, que ocorrera uma mudança drástica comigo. Como eu havia estudado e assimilado bem as matérias do primeiro ano do curso durante as semanas de férias e descanso, agora me encontrava no mesmo nível dos meus outros colegas e progredia rapidamente. Bem pouco tempo depois de iniciar os estudos, deram-me pequenos papéis na companhia de dança profissional da escola. O ano de 1937 foi milagroso para mim: voltei a ter aulas particulares de francês e fui aprovada num importante teste de língua e literatura francesas, além de nos exames preliminares do curso de filosofia universitário.

Certo dia, em uma aula dessa disciplina, fiquei constrangida ao me dar conta de um jovem sentado ao meu lado que me olhava com um interesse incomum. Portanto, não me surpreendi nem um pouco quando, ao terminar a aula, ele pôs, sorrateiro, um pedaço de papel amassado em minha mão. Vi que era um odioso folheto de propaganda nazista. Por motivo ignorado, devo ter sido considerada uma potencial recruta para a causa deles. Fiquei profundamente chocada, triste, e senti que me haviam aberto os olhos para um mundo exterior que eu tinha preferido ignorar. Não sabia o que fazer e, por fim, tal como muitos outros, não fiz nada.

Próximo ao fim de meu segundo ano na escola de dança, a disciplina de ensino dessa arte passou a fazer parte do currículo. Logo de início, achei isso fascinante, para grande surpresa da maioria dos outros alunos, que o consideravam uma chatice e perda de tempo. Abracei essa nova atividade e, à medida que minha confiança foi aumentando, deram-me algumas turmas de dançarinos amadores da escola para ensinar. Com o aprendizado, o ensino da dança e os ensaios, minha vida ficou completa, meu tempo se tornou escasso e todos os meus interesses se vincularam estreitamente à esfera de minha arte. Sempre que Harry e eu nos encontrávamos, percebíamos que estávamos nos distanciando cada vez mais. Depois de um encontro especialmente conturbado, ele chegou à conclusão de que estava cansado de disputar minha atenção com a dança e, assim, rompemos o relacionamento.

Certa noite, um amigo me apresentou a um rapaz, que, para surpresa dos três, ficamos sabendo que morava no mesmo bloco de apartamentos em que eu e minha mãe residíamos. Combinamos de fazer um passeio a um belo sítio na zona rural, perto de Praga, no domingo seguinte, mas, em cima da hora, nosso amigo informou que não poderia ir com a gente. Assim, eu e Paul iniciamos sozinhos uma longa caminhada por uma trilha, que, conquanto nem suspeitássemos disto, acabaria nos levando para um destino totalmente novo para nós.

Durante as férias, consegui um emprego numa colônia de férias para crianças perto de Praga, na qual tomava conta delas o dia inteiro e lhes ensinava ginástica e dança, além de orientá-las no aprendizado da natação. Embora fosse um trabalho árduo, davam-me, na verdade, uma simples ajuda de custo, mas a experiência serviu para confirmar que meu interesse pela área do ensino não era mero capricho.

Eu tinha ainda mais um ano de estudos pela frente. No início do período, passei na prova final do curso de francês e, enquanto festejávamos esse acontecimento feliz, eu e Paul pensamos, pela primeira vez, na possibilidade de termos um futuro juntos. No fim da primavera de 1938, concluí com sucesso os meus estudos na escola de dança e obtive o diploma. Agora, eu era uma dançarina-coreógrafa devidamente credenciada. Em segredo, abandonei a ideia de me formar e conseguir um diploma pela Universidade Alemã. Nesse ano, parecia muito duvidosa a possibilidade de eu conseguir algum benefício com esse curso universitário. Mesmo porque o expansionismo alemão representava uma ameaça cada vez maior para a Checoslováquia e, como reação a isso, em 21 de maio os checos fizeram sua primeira mobilização militar, mas depois desmobilizaram suas tropas. Em junho, Paul e eu nos casamos.

Passamos as primeiras e despreocupadas semanas de nossa vida de casados numa bela e romântica ilha na

Iugoslávia e depois fixamos residência em uma Praga cheia de incertezas e maus presságios. Tornei-me dona de casa, pelo menos no nome, embora sem a menor ideia do que isso envolvia. Por sorte, minha mãe havia achado Pepička para nós, que cuidava da casa com eficiência, mas, às vezes, não escondia seu desprezo por minhas óbvias deficiências nos cuidados com o lar. Quando, timidamente, eu manifestava uma opinião sobre uma questão doméstica, ela sempre respondia: "É melhor, madame, a senhora ir dançar", o que eu fazia com prazer e gratidão.

Além de ajudar na administração da escola, eu dançava pela companhia e até dava aulas particulares de dança a alguns alunos meus. Éramos felizes, embora soubéssemos que nosso país e, com ele, nossa liberdade e democracia estivessem correndo grande perigo. E assim passamos pelas agruras da mobilização do outono, da crise de Munique, da humilhante desmobilização do Exército checo e, por fim, da destruição de nossa república. O presidente Beneš fugiu do país, e seu sucessor, o presidente Hácha, institui a chamada "Segunda República". Com isso, houve uma entrada imediata de refugiados provenientes da região dos Sudetos, que havia sido anexada pela Alemanha, entre os quais estavam Erwin, meu tio, Julie, a irmã de Paul, e a família dela. Foi uma dádiva de Deus o fato de minha avó, então viúva, haver morrido no ano anterior, em seu próprio lar, e, assim, ter sido poupada da indignidade e do extremo desgosto de uma emigração forçada.

Um dia, durante uma visita a um velho amigo, encontrei-me com Harry por acaso. Soube que ele, como refugiado dos Sudetos, sem documentos, moradia e emprego, estava levando uma vida precária e, até certo ponto, ilegal em Praga. Ficamos contentes com o reencontro e o convidei para uma visita à minha casa. Foi uma noite não só de recordações felizes, mas também de sombrias especulações sobre o futuro.

Em toda parte só se falava sobre a tentativa de emigração, e Paul sondou a possibilidade de conseguir emprego na Austrália, mas acabou decepcionado.

No mês de novembro, o Teatro Nacional convidou nossa companhia de dança para participar de uma prestigiosa produção da peça O Doente Imaginário, de Molière. Entre os muitos nomes famosos do elenco figurava o da célebre Olga Scheinpflugová, esposa do escritor Karel Čapek. Para mim, dançar no palco daquele grande teatro era um ato de amor e, durante algum tempo, as duras realidades exteriores desapareceram da minha mente. Milča Mayerová desempenhou o papel de principal dançarina no importante interlúdio entre dois atos da peça. Após algumas apresentações, ela chegou à conclusão de que eu deveria assumir a sua parte e começou a fazer ensaios comigo para que eu desempenhasse o papel. De uma hora para outra, porém, tudo acabou. Karel Čapek morreu e todas as apresentações foram canceladas, em sinal de luto e respeito. A nação ficou consternada. Karel Čapek representava o que havia de melhor na grande tradição democrática e humanística da Primeira República, de Tomáš Masaryk. A morte dele, naquele momento — no Natal de 1938 —, marcou o fim de uma era. Agora estávamos iniciando o novo ano: 1939.

3

Em 15 de março de 1939 desenvolvi amigdalite. Fazia anos que eu não adoecia, mas o problema foi grave o bastante para que minha mãe tivesse de ir ao nosso apartamento para cuidar de mim. Fiquei muito preocupada. Afinal, Milča Mayerová havia iniciado o trabalho com *A Criação do Mundo*, de Milhaud, balé em que eu deveria desempenhar o papel principal, mas a cujos ensaios me via agora obrigada a faltar.

Na noite anterior, tínhamos ouvido notícias preocupantes no rádio. Pelo visto, soldados alemães estavam em exercícios militares nas regiões de fronteira e corria o boato de que havia inquietação geral no país. Achamos, pois, que seria mais prudente que minha mãe passasse a noite em nossa casa, a fim de que evitasse a viagem para o apartamento dela, situado do outro lado de Praga. Reunidos ao pé do rádio, voltamos a ouvir as notícias na manhã do dia seguinte. Ficamos sabendo que o presidente Hácha pusera o país nas mãos do *Führer* para sua própria "proteção" e que, como consequência, havia tanques e soldados alemães nas ruas de Praga. No fim da transmissão, o hino nacional checo foi tocado pela última vez.

Ainda sentados, tentando assimilar o conteúdo dessas notícias chocantes, o telefone tocou. Era o zelador do bloco de apartamentos em que minha mãe morava. Após ouvirem a notícia, Herta, a sobrinha de minha mãe, e Arnošt, seu marido, pularam da janela do quinto andar do apartamento. Agora, jaziam mortos na rua. Será que minha mãe poderia ir para lá imediatamente, a fim de localizar tia Ida, a mãe de Herta?, perguntou o zelador. Herta e Arnošt haviam morado na Alemanha no início da década de 1930, justamente na época em que Hitler chegara ao poder. Graças à proteção propiciada por sua cidadania checa, conseguiram sobreviver às perseguições iniciais contra os judeus alemães, conquanto tivessem ficado profundamente abalados com o que haviam testemunhado. Arnošt era um nacionalista checo e judeu

— a notícia daquela manhã havia sido o fim do mundo para eles. Lembro-me de muito pouco do que aconteceu em seguida. O choque, combinado com o problema da doença, deixou-me fraca demais até para comparecer ao funeral.

Nas semanas seguintes, atravessamos uma série de situações conturbantes e desesperadoras, de atividades frenéticas e apatias paralisantes. Conversávamos e debatíamos sem parar e não cessávamos de nos fazer as mesmas perguntas. Era mesmo verdadeiro e irreversível o fato de que a república deixara de existir e se tornara um "Protetorado"? Quem estava protegendo quem e do quê? Hitler havia de fato acenado da janela do Castelo de Hradčany, onde outrora estivera também Masaryk, a encarnação dos mais altos ideais humanitários de nosso país?

Muitas pessoas que haviam sido proeminentes figuras da vida cultural e política da sociedade checa já tinham sido presas, e todos viviam pensando e falando em emigração. Paul e eu não éramos exceção, mas, sempre que resolvíamos levar essa possibilidade a sério, tínhamos de encarar o fato de que teríamos de deixar os pais dele e minha mãe para trás. Nenhum de nós podia sequer pensar nessa possibilidade. Portanto, não fizemos nada — e continuamos no mesmo lugar. A vida começou a retomar a aparência de normalidade ou, pelo menos, foi essa a impressão que tivemos por algum tempo. Alguns de nossos amigos deixaram o país. Até o fim de março, foi possível entrar na Inglaterra, porém, depois disso, as autoridades inglesas passaram a permitir o ingresso no país só de pessoas com visto de entrada, o que era difícil de obter. Num dos últimos dias de março, encontrei com Harry por acaso na praça Wenceslas. "Estou muito feliz por tê-la visto novamente", disse ele. "Vou partir para Londres à noite." Apertamos as mãos e nos desejamos boa sorte.

Os amigos que haviam emigrado conseguiam se corresponder conosco ainda. Suas primeiras cartas, porém, estavam longe de expressar contentamento. Estavam sozinhos, sem um tostão no bolso, e se sentiam indesejados. Muitos estavam achando difícil se adaptar ao novo país e alguns pareciam arrependidos de terem deixado sua terra natal.

Nós também precisávamos fazer adaptações. Muitos perderam o emprego, e contas bancárias haviam sido congeladas. A vida cultural se tornou impraticável. O pior de tudo era que havia à nossa volta uma ameaça intangível que, inicialmente, nos deixou cautelosos e, depois, receosos quanto ao que falar e fazer. Aprendemos a ouvir em silêncio, a ler nas entrelinhas, a falar muito pouco e não confiar em ninguém. Paul enfrentou dificuldades singulares no trabalho. A dona da fábrica de luvas que ele gerenciava estava em Londres, onde ela mantinha seus depósitos bancários, indiferente às consequências para seus compatriotas checos que permaneciam no país. Paul chegou a ser ameaçado pelo *Devisenschutzsonder-kommando*, a força-tarefa econômica especial da SS. Um dia, eles vieram e reviraram nosso apartamento à procura de um possível esconderijo de valores em moeda estrangeira. Logicamente, não acharam nada, mas a nossa foi uma das primeiras contas bancárias a ser confiscadas.

Continuei a frequentar as aulas de Milča Mayerová e ainda dei aulas em sua escola, mas tinha de conformar-me com o fato de que, no futuro, não me dariam permissão para participar de nenhuma produção importante. Eu havia acabado de chegar a um estágio de minha carreira em que, após tantos anos de trabalho e esperanças, iria desempenhar importantes papéis como dançarina. Era doloroso ter de aceitar que, agora, isso não iria acontecer. Em todo caso, ainda participei de umas poucas apresentações, mas com um nome falso, em um pequeno teatro para espetáculos de dança e dramaturgia experimental ou em matinês ocasionais.

Certa feita, um jovem se apresentou a Paul suplicando que lhe desse emprego, qualquer um, na fábrica de luvas. Disse que havia sido oficial do Exército checo, mas que, então, o governo estava criando um regime-fantoche formado por soldados checos que deveriam servir à nova ordem. Explicou que não suportava a ideia de se juntar a eles, porém, se ele não fosse recrutado, teria de arrumar emprego. Acrescentou que não tinha nenhum tipo de qualificação, mas Paul o acolheu imediatamente e, mesmo se expondo a certo risco, lhe deu um emprego. Foi desse jeito estranho que conhecemos Danny, que se tornaria um de nossos mais queridos e mais leais amigos.

No início do verão, leis antissemitas foram promulgadas: os judeus estavam proibidos de frequentar parques públicos, piscinas, teatros, cinemas, restaurantes e cafés, e tinham de exibir sempre um símbolo de identificação apropriado. O surpreendente é que ainda conseguíamos viajar em ônibus e trens e ficávamos a maioria dos fins de semana em Dobříš, lugar que passaríamos a amar profundamente. Ali, tínhamos bons amigos, judeus e não judeus. Era uma cidadezinha pitoresca e charmosa, com um grande lago para nadarmos alegres e sem restrições. No verão de 1939, Praga estava imersa num clima de opressão e cheia de ameaças, porém, no ônibus para Dobříš, conseguíamos relaxar e, assim que chegávamos, podíamos, pelo menos por algumas horas, nos esquecer de que vivíamos com os nervos à flor da pele.

Quando, em 1939, conhecemos Erwin, ele era um jovem de boa aparência e educado, beirando os 20 anos.

Erwin era judeu e vivia com seus pais idosos no mesmo bloco de apartamentos em que Paul e eu morávamos. Eles tinham morado nos Sudetos, falavam um checo capenga e davam a impressão de estarem solitários e perdidos na capital.

Com certeza, Erwin não tinha amigos, tampouco emprego ou mesmo uma ocupação qualquer. Costumávamos topar com ele no elevador e, quando notamos que parecia ansioso para falar conosco, o convidamos algumas vezes para tomar uma xícara de café e papear um pouco em casa. Nessas ocasiões, ele falava tristemente sobre suas dificuldades para se comunicar com os pais, seu grande desejo de conseguir amigos jovens e, muito frequentemente e com veemência, sua funesta e desesperadora visão do amanhã — do seu, do nosso, de todos. Embora pudesse ser encantador, o lado negativo de sua personalidade se manifestava, às vezes, de uma forma perturbadora para um jovem de sua idade, mesmo naquela época. Mas tínhamos certeza de uma coisa — ele gostava dessas visitas e se mostrava grato pelos convites ocasionais. De nossa parte, movidos por certa compaixão por ele, fazíamos o melhor possível para que se sentisse bem em nosso lar.

Mais e mais de nossos amigos partiram, logo depois de haverem conseguido vistos e declarações juramentadas.

Muitos dos que ficavam para trás caíam em profunda depressão. Boatos e histórias inverídicas se espalhavam pelo seio da sociedade o tempo todo. De vez em quando, ouvíamos falar de pequenos atos de gentileza, mas deparávamos também com sinais de advertência das mudanças que haviam ocorrido no coração e na mente de muitos.

O verão passou. Com ele, foram-se também a crise polonesa e, por fim, a notícia do ultimato. Após a traiçoeira "paz em nosso tempo", com o acordo assinado em Munique no ano anterior, ficamos céticos e perdemos a confiança em nossos antigos aliados. A declaração de guerra dos britânicos aos alemães, portanto, nos pegou de surpresa. Ficamos transbordantes de euforia, pois, agora, nossos dominadores alemães sentiriam a reação furiosa das poderosas Forças Aliadas; agora, precisariam lançar mão de todo o seu poder e inteligência para se defender e, assim, seriam obrigados a desviar a atenção para outras terras. Talvez conseguissem resistir até o Natal. Porém, até lá, estaria tudo acabado.

Partimos para comemorar os acontecimentos com nossos amigos em Dobříš. Todavia, quando voltamos para Praga, vimos que os pais de Paul estavam desolados. Soubemos que a irmã de Paul, Julie, juntamente com seu filho pequeno, Peter, tinha sido obrigada a embarcar, pelo sogro dela, no último trem com destino a Londres, onde seu marido a esperava. Julie e Paul eram muito ligados um ao outro e eu mesma a amava como se fosse minha irmã, mas não havíamos conseguido nos despedir dela. Serve como medida de nossa ignorância das coisas que estavam por vir o fato de havermos considerado esse episódio uma verdadeira tragédia.

A Alemanha não foi derrotada da noite para o dia, tal como havíamos esperado, e a situação dos judeus se agravou muito em todos os sentidos. As autoridades impuseram o racionamento de alimentos e distribuíram carnês de ração, mas os dos judeus valiam muito menos do que os de outras pessoas. Além disso, só podiam fazer compras entre três e cinco horas da tarde, quando as prateleiras estavam quase todas vazias. Ainda tínhamos permissão de usar os bondes, porém éramos obrigados a viajar no segundo ou terceiro vagão e também somente durante certo período do dia. Ficávamos sob o toque de recolher das oito da noite até as sete horas da manhã do dia seguinte. Minha mãe foi despejada de seu apartamento no Praga 7, um dos bairros mais apreciados pelos alemães. Contudo, ela teve a sorte de achar outro apartamento, embora muito pequeno, em Branik, local relativamente perto de onde Paul e eu morávamos.

Num dia de primavera de 1940, fomos informados de que, graças aos esforços de Julie em Londres, as autoridades nos haviam concedido vistos de entrada na cidade de Xangai. Nosso navio partiria de Trieste dali a dez dias. Ficamos olhando tristemente um para o outro, cientes do que cada um de nós estava sentindo. A essa altura dos acontecimentos, não havia nada que nos fizesse abandonar nossos pais. Em 1939, quando tantas pessoas fugiam do país, conseguiam fazer isso achando, ingenuamente, que seus parentes seguiriam o mesmo destino delas logo depois. No entanto, por volta de 1940, não alimentávamos essa ilusão e tudo que conseguíamos vislumbrar eram a solidão insuportável e o desamparo dos que seriam deixados para trás. Ainda assim, para que pudéssemos ter um pouco mais de tempo para pensar, enviamos um telegrama à empresa de navegação em Trieste, solicitando a transferência da viagem para outro navio, cuja partida estava programada para dali a duas semanas. Alguns dias depois, a Itália entrou na guerra. Diante disso, foi com imenso alívio que desistimos da ideia de sermos resgatados.

Continuamos a ir a Dobříš de vez em quando, mas dominados pela inquietação, cada vez maior, de que estávamos sendo vigiados. Em junho de 1940, nós nos achávamos justamente ali quando nos chegou a notícia de que a França havia caído diante das forças alemãs. Nesse dia, rompeu-se nosso último fio de esperança.

4

Mais ou menos em 1941, os ataques diários de adeptos de um antissemitismo feroz, transmitidos via rádio e jornais, haviam preparado o terreno para uma nova lei antissemita que fazia todas as anteriores parecerem jogos inofensivos: a instituição do uso obrigatório da estrela amarela, que deveria ser usada em público, em todas as situações, por judeus acima dos 6 anos. Desse momento em diante, tornamo-nos alvos fáceis para todos que quisessem nos infligir maus-tratos e nos atacar. Os efeitos psicológicos dessa monstruosa permissividade foram astuta e cruelmente calculados, a fim de incutir em nossa mente a ideia de que éramos párias sociais, sem direito a nenhum lugar na sociedade.

Nas ruas de Praga, sentíamos dolorosamente os olhares fixos dos transeuntes, alguns dos quais lançados sobre nós com certo constrangimento, outros com franca hostilidade, outros mais revelando surpresa quando o alvo de suas indiscrições não tinha a aparência de judeu. O desvio do olhar, a virada de rosto ofendiam tanto quanto o fitar aberto e desdenhoso; a furtiva olhadela para demonstrar simpatia ou solidariedade era pouco consoladora quando acompanhada por rápidas passadas para o lado com o intuito de nos evitar. A consciência de que havíamos sido discriminados fez nascer, em nós, sentimentos confusos e conflitantes. Afinal, a estrela era um sinal de distinção ou de humilhação, ou isso dependia daquele que a usava? Nossa dignidade e nossa condição de seres humanos haviam sido tiradas de nós, juntamente com todos os nossos direitos? Seria um ato desafiador ou de covardia sair às ruas sem usá-la? Algumas pessoas passaram a evitar sair de casa; outras tentaram mostrar-se filosóficas; umas poucas cometeram suicídio. Em nosso prédio, um jovem casal enfrentava um problema singular. O filho deles, de 5 anos, chorava muito, pois queria ter também uma "adorável" estrela amarela, igual à da mamãe e do papai, para que pudesse mostrá-la às outras crianças quando brincasse com elas na rua — coisa que, aliás, ele não podia fazer, em razão de sua descendência judia.

Pelo menos em tese, agora nosso isolamento era completo. Manter contato com amigos não judeus significava expô-los a grande perigo. Ter amizade com judeus era, em princípio, um ato de traição ao Reich e denunciar isso era uma atitude patriótica, que mantinha ocupados todos os que agora seguiam a carreira de espiões de seus compatriotas. Apesar de tudo, nenhum de nossos amigos checos levou isso a sério e nossa amizade continuou como antes, às vezes bem debaixo do nariz de espiões e colaboracionistas.

Paul perdeu o emprego e foi substituído por um comissário indicado pelo governo alemão. Todavia, um advogado muito conhecido, que antes da guerra havia representado a empresa de Paul, lhe ofereceu trabalho em seu escritório. Tamanho gesto de coragem elevou nosso moral e nos ajudou a combater a depressão que engolfava muitas outras pessoas em seus miasmas. Meus amigos dos tempos da escola de dança ainda me telefonavam para encontrar-se comigo. Chegamos até a fazer novos amigos. Adolf, por exemplo, era um sujeito grandalhão, mas gentil. Morava num apartamento três andares acima do nosso. Havíamos nos conhecido no elevador, onde trocamos algumas palavras enquanto nos sondávamos, na prudente tentativa de um conhecimento preliminar mútuo. Com certa cautela e um tanto hesitantes, fizemos-lhe um convite para uma visita ao apartamento, que ele aceitou com prazer, e nos tornamos amigos. Adolf era solteiro e engenheiro elétrico, além de inteligente, sensível e generoso, possuidor de um senso de humor maravilhoso: ríamos mais em sua companhia do que em qualquer outra situação. Tínhamos em comum o amor pela música e ouvíamos alguns vinis tanto no apartamento dele quanto no nosso: o Concerto de Brandemburgo nº 4, de Bach, o Trio do Arquiduque nº 7, de Beethoven, o Concerto Duplo para Violino e Violoncelo, de Brahms, *Radůz e Mahulena*, de Suk, e muitas outras obras, porém, com mais frequência, o Concerto para Violoncelo de Dvořák. Compartilhávamos também os préstimos e serviços de Pepička, nossa faxineira, que parecia sempre disposta a servir a todos com dedicação.

Depois que recebemos ordens para entregar nossos rádios às autoridades, a rotina de nossos encontros com Adolf sofreu mudanças. A certa hora da noite, Paul e eu subíamos a escada de mansinho, na ponta dos pés. Reunidos na frente do pequeno instrumento de nossas esperanças, ouvíamos a mensagem de Jan Masaryk, o ministro das Relações Exteriores checo, exilado em

Londres, enquanto evitávamos olhar para o aviso impresso no rótulo colado ao rádio, advertindo que "ouvir mensagens do inimigo é crime punível com sentença de morte". Havia fascistas checos e alemães morando no prédio e sabíamos que reuniões a essa hora eram perigosas.

Às vezes, eu enfrentava alguns riscos sozinha. Milča Mayerová estava estreando novos espetáculos no Teatro Vinohrady. Como eu não conseguia ficar longe dessas coisas, entrei discretamente na casa para assistir a uma matinê sem que ninguém soubesse. De coração partido, assisti a um programa que incluía *Danças Checas*, de Smetana, e *A Roda de Ouro*, de Dvořák. Milča Mayerová chegou a me dizer quais papéis teriam sido meus caso eu tivesse podido me apresentar. Muitos anos depois, exorcizei de minha mente essa lembrança dolorosa quando coreografei essas obras e participei de suas apresentações com meu próprio grupo de dança em Belfast.

Eu visitava minha mãe, às vezes fora das horas permitidas. Ela achava muito solitária a vida que levava no apartamento, pois nenhum de seus amigos morava perto, e só ficava feliz quando estávamos juntas. Obviamente, ela ficava preocupada quando eu aparecia inesperadamente diante de sua porta, com minha estrela encoberta por uma grande bolsa feminina premida contra o peito, porém, enquanto na companhia dela, eu sempre conseguia passar a impressão de que não havia perigo nisso. Mas então, após a visita, ela fechava a porta e eu tinha de encarar a hostilidade das ruas a caminho de casa, para voltar aos braços de meu marido, que quase morria de preocupação.

Certa manhã, antes das horas em que os judeus tinham permissão para fazer compras, saí de uma loja de discos, onde comprei *Le Carnaval Romain*, de Berlioz, para dar de presente a Paul, e topei com um velho amigo de escola de Trutnov. Obviamente, eu não estava usando a estrela, mas ele ficou muito feliz com o encontro casual. Fingi que senti o mesmo. Conversamos por alguns minutos, sem dizer muita coisa de fato, evitando tocar em questões delicadas. Eu estava ansiosa por voltar para casa; ele se ofereceu para me acompanhar até lá. Contudo, se ele me levasse para casa, saberia onde eu morava e poderia me denunciar depois. Ele seria capaz de fazer isso? Eu não sabia e não podia correr o risco de perguntar. Também não consegui pensar num pretexto para impedir que ele me levasse para casa. Assim, seguimos a pé para o meu apartamento e depois, durante alguns dias, fiquei esperando que tocassem a campainha. Mas eu não precisava ter me preocupado. Quando, depois da guerra, nos encontramos novamente em Trutnov, ele me contou sua história. Disse que era médico e que, durante as deportações de judeus, tinha dado atestados falsos a seus pacientes para salvá-los, pelo menos por algum tempo. Explicou que sua recompensa, após a libertação dos oprimidos, foi ter sido poupado das expulsões de alemães étnicos da região dos Sudetos para a Alemanha.

Às vezes, ocorriam incidentes bizarros, quase ridículos. Certa noite, nosso amigo Franta sentiu vontade de nos visitar, apesar do toque de recolher e sua notável aparência de judeu. Deixou a estrela em casa e pegou um bonde lotado com destino ao nosso apartamento. No vagão em que viajava, havia um sujeito muito bêbado gritando palavras obscenas a plenos pulmões, que ressoavam por todo o vagão. Não houve reação, já que, receosos, todos preferiram fingir que não estavam ouvindo nada. O bêbado, frustrado, voltou-se para Franta e gritou mais alto ainda: "Você aí! Você é judeu e com certeza há de concordar que eles são os seres mais desprezíveis do mundo!" Franta gelou de pavor, mas os passageiros do vagão caíram na gargalhada. Por sorte, não havia nenhum colaboracionista no bonde, porém, quando ele chegou ao nosso apartamento, parecia a ponto de desmaiar e teve de passar a noite conosco.

De vez em quando, Paul e eu íamos a concertos de música de câmara realizados na casa de amigos judeus.

Lá, conheci Hilde, que também era de Trutnov. Ela me disse que, então, seu marido morava num lugar distante, chamado Belfast, na Irlanda. Com o estouro da guerra, ela ficara impedida de ir morar com ele nesse país, mas, ocasionalmente, muito raramente, na verdade, ela recebia notícias dele via Suíça. Eu soube, por seu intermédio, que Harry havia conseguido se refugiar lá também. Quando falei sobre isso com minha mãe, ela me fez lembrar, banhada em lágrimas amargas, de que também poderia estar segura na Irlanda se houvesse me casado com ele, em vez de ter deixado que a dança contribuísse para o rompimento de nosso relacionamento. Pouco tempo depois, os jornais estavam cheios de notícias sobre ataques aéreos devastadores sobre Belfast, causando milhares de vítimas. "Não existe segurança em nenhum lugar mais", observou minha mãe. Depois disso, não voltamos a falar sobre Harry.

5

Assim que, em março de 1939, o Protetorado foi estabelecido, todos os judeus tiveram de cadastrar-se na Central de Assuntos Judaicos, que havia sido criada pelo comando das autoridades alemãs para tratar de questões relacionadas aos judeus. No outono de 1941, quando foram dadas as primeiras ordens de deportação, esses mesmos cadastrados formaram a base para a rápida e eficiente execução dos planos nazistas em relação aos judeus do país. Poucos dias depois, duas mil pessoas escolhidas para deportação foram convocadas, reunidas e despachadas. As convocadas eram obrigadas a deixar para trás suas casas e seus pertences em excelente estado. Seus apartamentos e tudo que havia neles eram confiscados pelas autoridades germânicas, que depois os repassavam a novos proprietários escolhidos por elas mesmas. Cada deportado tinha permissão para levar até cinquenta quilos de bagagem, os únicos bens terrenos cuja posse conservaria.

E, assim, essas pessoas, desesperadas e confusas, tinham de escolher o que seria indispensável para sua vida. Uma vez que não sabiam como seria o seu futuro, fazer escolhas e opções era uma tarefa muito angustiante. Que tipo de alimento imperecível levar e quanto? Que tipo de roupas, e para serem usadas por quanto tempo, próprias para quais condições climáticas? Seria necessário levar roupas de cama e cobertores? Haveria espaço? E para um pequeno fogareiro? Logicamente precisariam de artigos de limpeza e higiene para manter os padrões de asseio individual. Não poderiam faltar, também, alguns medicamentos para todo tipo de eventualidade. Seria egoísta e irresponsável levar o livro favorito e algumas fotografias de família? Em seus esforços frenéticos para fazer as escolhas certas, as pessoas esgotavam suas preciosas energias físicas e emocionais e chegavam exaustas ao Pavilhão da Feira de Negócios, que havia sido transformado em local de reunião dos escolhidos para deportação.

A primeira leva seguiu para Łódź, na Polônia, onde os deportados desapareceram pelo interior de um gueto gigantesco. No país, ninguém soube nada a respeito da sua sorte, tampouco para onde haviam sido levados, até que, passadas algumas semanas, começaram a chegar os primeiros cartões-postais, preenchidos com muita cautela. Um jovem casal de amigos nossos seguira na primeira leva; o cartão-postal que recebemos informava que nossa amiga enviuvara.

Pouco depois, duas outras levas de deportados, totalmente compostas de rapazes, foram enviadas para uma pequena praça de guerra que tinha sido evacuada a norte de Praga. Seus integrantes estavam incumbidos de construir e preparar o nosso gueto, destinado a abrigar — ou a concentrar? — a população judia inteira da Boêmia e da Morávia, bem como judeus, principalmente idosos, da Alemanha, Áustria, Dinamarca e Holanda. Foi assim que nasceu o gueto de Theresienstadt, que os checos conheciam como Terezín. Dali por diante, era apenas uma questão de tempo até que cada um de nós fosse obrigado a arrumar as malas e abandonar o lar.

Em dado momento, a população judaica começou a receber uma convocação após a outra, e levas de deportados se sucederam sem parar. Quase todos os dias era possível ver pessoas de todas as idades a caminho do local de reunião, arrastando bagagens pelas ruas e embarcando com elas nos bondes. Qualquer oferta de ajuda era desaconselhável e até o mais ínfimo sinal de solidariedade ou simpatia podia ser perigoso. As pessoas viravam o rosto, constrangidas e envergonhadas.

Mas nem todas agiam assim. Certa noite, Danny e Růžena, sua jovem esposa, foram ao nosso apartamento para a melhor de todas as visitas que nos fizeram. Assim que fechou a porta, Danny tirou o sobretudo e se manteve de pé, na nossa frente, envolto no glorioso esplendor de seu uniforme de capitão do Exército checo, com todos os botões bastante lustrosos. "Isto é apenas para ajudá-los a se lembrar de nosso passado e fazê-los ter alguma esperança", explicou e bateu continência elegantemente. Talvez esse gesto pareça infantil agora, mas, na época, deu uma enorme levantada no moral de nossas almas, esmagadas pela situação opressiva.

Numa manhã de domingo acordei com uma dor de dente insuportável, o rosto bastante inchado e febre. Telefonei para o dentista, que concordou em me atender imediatamente. Como estava fazendo muito frio, estiquei o braço para pegar o sobretudo. Na pressa de sair, torturada pela dor, arranquei sem querer a estrela da capa de chuva e, optando por negligenciar a regra que mandava que deveria ficar bem-costurada, no devido lugar, resolvi fixá-la na capa de chuva com alfinetes, um em cada ponta da estrela, e parti às pressas. O dentista cortou e drenou o abscesso, aplicou-me uma injeção e mandou que voltasse para casa, aconselhando-me a ficar de cama. Saí da clínica, ainda afetada pela dor e sob o efeito da anestesia, e segui caminho para tomar o bonde. De repente, fui parada por um policial checo alto e espadaúdo, com o dedo em riste, apontando acusatoriamente para o meu casaco. Ao olhar para baixo, dei-me conta da enormidade da infração que eu estava cometendo. A estrela estava por um fio, balouçando precariamente, já que, agora, presa apenas por dois alfinetes. Os outros tinham caído pelo caminho. "Venha comigo", ordenou o policial, com seu vozeirão. Eu estava presa. Questão de minutos depois, já me encontrava na delegacia mais próxima.

Lá dentro, ele falou sobre os planos que tinha em relação a mim e o destino que eu teria. Disse que elaboraria um relatório imediatamente, no qual exporia todas as minhas informações pessoais e faria uma descrição detalhada do meu ato criminoso. Acrescentou que, em vista da gravidade do caso, sem dúvida me enviariam imediatamente para o local de reunião, a fim de que fosse incluída na leva de deportados que aguardava a hora de partir. Com certeza, eu não teria permissão de avisar a minha família. Enquanto isso, os outros policiais presentes no recinto olhavam fixamente, em silêncio, para o tampo de suas mesas. Todavia, enquanto ele ainda saboreava seu momento de glória, um telefone tocou em outro recinto e pediram que ele fosse atender. "Espere aqui", ordenou e se retirou.

Assim que ele fechou a porta por onde passou, os outros policiais entraram em ação. Um deles ficou vigiando a janela, atento ao retorno dele, ao passo que outro me trouxe uma xícara de chá. Porém, o mais importante de tudo foi que um outro trouxe linha e agulha.

— Costure essa maldita coisa o mais rápido que puder e depois fuja antes que ele volte! — disse ele.

— Como vão explicar isso a ele? — perguntei, enquanto costurava para salvar a própria pele.

Após se entreolharem, um deles disse:

— Deixe isso com a gente e trate de se apressar!

Terminei de costurar a estrela e, após agradecer-lhes do fundo do coração, parti e só parei de correr quando cheguei em casa.

No último dia de 1941, nossa pequena família se reuniu em nosso apartamento para a festa de Ano-Novo e para que ficássemos juntos mais uma vez. Fizemos todo o possível para nos mantermos alegres e bem-humorados, embora sabendo muito bem que não estávamos conseguindo nos enganar. Todos nós — os pais de Paul, minha mãe, Paul e eu — tínhamos contribuído com sua parcela de iguarias para a reunião festiva e agora conversávamos sobre o passado, evitando qualquer alusão ao futuro, de modo que poupássemos uns aos outros das dores e dos maus pressentimentos que pesavam em nossos corações. Quando, por fim, procuramos espaço para dormir no pequeno apartamento, não ousei soltar um pio de choro sequer, com medo de que me ouvissem.

Antes mesmo de 1942, os judeus haviam sido obrigados a entregar às autoridades alemãs não apenas os seus rádios, mas também suas joias, pratarias, casacos de pele e todas as suas coisas de valor. Que mais haveria para tirar deles? Por incrível que pareça, a resposta está em seus animais de estimação, os inocentes amiguinhos que, em muitos casos, eram as únicas alegrias que lhes restavam num mundo de trevas. Para alguns, principalmente crianças e pessoas idosas, esse foi o mais duro dos golpes. No dia indicado, lá estavam eles, embarcados nos bondes, pálidos, sufocando as lágrimas, segurando com firmeza seus pequenos baús, caixas de papelão ou embrulhos, os quais deveriam ser entregues nos centros de coleta: porquinhos-da-índia, hamsters, ratinhos brancos, tartarugas e, logicamente, passarinhos engaiolados. Cães e gatos eram o pior dos casos — gemiam durante todo o percurso, como se soubessem o que lhes aconteceria. O pai de Paul, um senhor alto e tranquilo, com seu porte elegante, sempre digno, teve de entregar aos alemães Pepiček, seu adorado canário. Naquela noite, ele parecia alquebrado, envelhecido e desolado.

À medida que mais e mais alemães foram se mudando para o Protetorado, os apartamentos pertencentes a judeus se tornaram um bem muito cobiçado. A transferência de posse obedecia a um procedimento rápido e simples e era feita com eficiência típica. As partes interessadas inspecionavam os apartamentos objetos de sua cobiça. Se os achassem adequados, os proprietários judeus eram despejados o mais rapidamente possível e enviados, com a próxima leva de deportados, para Terezín, onde beliches os estariam esperando.

Certa tarde, a campainha tocou. Quando atendi à porta, deparei um jovem oficial alemão na companhia de seu bagageiro. Ele me cumprimentou com educação e me apresentou um documento oficial, que me informava que o tenente tinha permissão para inspecionar nosso apartamento como quisesse. Tentei manter a compostura e o convidei a entrar. Ele tirou o quepe, atitude que, naquelas circunstâncias, achei estranho. Após dar uma olhada no apartamento, ele explicou, calma e seguramente, que tinha acabado de chegar a Praga. Disse que ele e sua esposa estavam temporariamente hospedados numa pensão, mas que nosso apartamento seria ideal para ele. Teríamos tomado providências, perguntou ele, para nos mudarmos para outra casa? Quando seria conveniente sairmos dali? Num átimo, entendi que o tenente não fazia a mínima ideia da realidade da vida dos judeus no Protetorado. Olhei-o diretamente nos olhos e expliquei: "Não há necessidade de se preocupar com essas coisas, Herr tenente, pois, assim que o senhor decidir tomar nosso apartamento, seguiremos como deportados, na próxima leva de proscritos, para Theresienstadt." Ao ouvir isso, ele ficou olhando para um quadro durante longo tempo, sem dizer nada. De repente, virou-se bruscamente para mim e pareceu me lançar uma piscadela, como se quisesse dizer: "Não posso falar na presença *dele*." Mas tudo o que ele disse de fato foi: "Eu voltarei. *Auf Wiedersehen!*"* E, depois de repor o quepe, partiu, seguido por seu bagageiro. À noite, eu disse a Paul que deveríamos começar a pensar em arrumar nossas duas trouxas, de 50 quilos cada.

No dia seguinte, nada aconteceu, mas, à noite, quando a campainha tocou, Paul e eu nos entreolhamos antes de abrirmos a porta. Do lado de fora, aguardava

---
*Até breve! Até logo! Tchau! (N. T.)

um casal de jovens simpáticos, sorrindo timidamente, com o homem segurando uma grande bolsa de compras. Sem uniforme agora, só consegui reconhecê-lo quando ele falou baixinho, em alemão: "Podemos entrar?" Depois de se apresentarem formalmente, perguntaram, quase timidamente, se podiam se sentar por um momento. Ele disse que gostaria de explicar algumas coisas, a respeito das quais não podia falar na presença do bagageiro. Acrescentou que haviam tomado a liberdade de trazer algumas coisinhas de que talvez gostássemos. Aceitaríamos?, perguntou. Assim, tirou da sacola de compras um excelente vinho, cigarros — um luxo para nós — e uma enorme peça de presunto. Paul e eu, deslumbrados, acabamos assumindo o papel de anfitriões desses improváveis convidados e, a partir do instante em que levantamos as taças para fazer um brinde à nossa saúde, senti uma euforia crescente.

Vi a essência de minha intuição inicial se confirmar. Nosso amigo tenente não sabia quase nada mesmo a respeito da perseguição dos judeus nos países ocupados pelos alemães. Sua inocência e a ignorância que a suscitara eram inacreditáveis. Ouvimos em silêncio suas reiteradas assertivas de que jamais faria mal nem a nós nem a ninguém, de que desaprovava as leis antissemitas, de que era oficial do Exército alemão, mas nazista, não.

Ele ficou muito exaltado e sua esposa pareceu constrangida. Afinal, que deveríamos fazer ou mesmo pensar em vista de tão inusitada situação? Ele prosseguiu com seu longo discurso condenatório e série de críticas contra as injustiças praticadas todos os dias, bem como sobre sua visão pessimista em relação ao fim nefasto que a guerra teria e a retaliação que certamente os alemães sofreriam. Antes mesmo de chegar ao fim de seu discurso, havia incorrido em alta traição. Tivemos de adverti-lo de que as paredes das habitações modernas eram finas e que nossos vizinhos eram alemães que talvez não comungassem nos mesmos sentimentos antipatrióticos dele. Com o tempo, após uma ou duas taças de vinho, relaxamos o bastante para acreditar que ele estava sendo sincero. Quando, por fim, resolveram partir, perguntaram antes se não permitiríamos que nos fizessem outra visita e, quando concordamos — que mais poderíamos fazer? —, agradeceram calorosamente nossa hospitalidade. Depois que saíram, ficamos rindo, um tanto sem graça, durante algum tempo, mas depois começamos a nos preocupar com as possíveis consequências desse episódio bizarro.

E voltaram mesmo, sempre trazendo algumas iguarias — de cuja existência, por tanto tempo sem poder tê-las, havíamos até esquecido —, sempre preocupados com nosso "bem-estar". Algumas vezes, o tenente chegou a agir com perigosa negligência, já que não se dera o trabalho de tirar o uniforme antes de nos visitar. Essas visitas eram causa de grande tensão e preocupação para nós, temerosos da possibilidade de nossos amigos ou vizinhos verem o visitante, trajando farda do Exército alemão, se dirigindo para nosso apartamento. Afinal, como poderíamos explicar o inexplicável e quem acreditaria no que era impossível de acreditar?

Isso aconteceu mais ou menos na mesma época em que percebemos uma mudança nos modos e no comportamento de Pepička. Começou a nos contar histórias, ouvidas por ela alhures, sobre famílias judias que davam muitos de seus bens às suas empregadas. E que conhecia outras famílias que não tinham dado nada a elas, mas que depois, quando cometeram transgressões, ainda que insignificantes, acabaram descobrindo que haviam sido suas confiáveis serviçais que as tinham denunciado às autoridades. Não dei muita importância a isso. Mesmo porque fazia muito tempo que Pepička estava conosco e eu a considerava uma amiga.

Sabíamos — e nos ressentíamos disso — que, após nossa inevitável partida, todas as coisas adoráveis de nosso apartamento acabariam se tornando desvalidos objetos nas garras rapinadoras da Gestapo. Mas Adolf e Danny vieram nos socorrer, embora muito conscientes dos enormes riscos que corriam por salvar e esconder bens de judeus. Na calada da noite, objetos de vidro, porcelana, livros e discos foram levados para o apartamento de Adolf, com seu interior impecavelmente germânico, no andar de cima. Certo dia, Danny apareceu trajando macacão azul e boné de operário, trazendo um carrinho de mão que havia empurrado pelas ruas de Praga. Em meio a assobios alegres e num ritmo de trabalho natural, para não despertar suspeitas, ele desceu três lances de escada carregando nossos bens mais valiosos, acondicionados em caixas de madeira. Depois de pô-las no carrinho, levou-as para seu apartamento, situado a vários quilômetros dali. Duas vezes durante a ocupação, Danny e sua esposa foram forçados pela Gestapo a abandonar o apartamento deles e, em ambas as ocasiões, apesar do grande risco para si mesmos, mantiveram nossos bens e conseguiram devolvê-los intactos a mim após a libertação.

Adolf teve de enfrentar um problema ainda maior: Pepička. Após nossa deportação, ela continuou a fazer serviços de "limpeza" para ele, mas, toda vez que aparecia para trabalhar, na verdade só ficava confortavelmente sentada, como se estivesse sendo paga para folgar, e nem tentava trabalhar — seu único esforço era estender o braço para receber o pagamento. Quando Adolf lhe chamava a atenção para a casa empoeirada e a advertia sobre o cumprimento do dever, ela suspirava indolentemente e olhava ao redor de si, com um jeito de fingida compaixão. "Tantas coisas aqui que me fazem lembrar de nossa querida e deportada madame Hermannová...", observava ela. "Como é bom saber que você está cuidando delas."

Adolf não teve escolha, a não ser aguentar essa chantagem durante três anos. Mas acabou mandando-a embora em 5 de maio de 1945, o dia do levante de Praga.

6

Na primavera de 1942, as deportações continuaram num ritmo constante e ainda não sabíamos quase nada a respeito das condições em Terezín. Nossa única fonte de informações eram os autorizados cartões-postais de trinta palavras, que nós e outras pessoas recebíamos de quando em vez, e os ocasionais fragmentos de notícias que saíam ilegalmente do gueto, geralmente com a ajuda de um policial checo amigo.

Os cartões-postais eram escritos em alemão e sempre iniciavam com a obrigatória *Ich bin gesund, es geht mir gut* — estou com boa saúde, estou bem —, saudação que vinha acompanhada de um pedido urgente de um pacote de alimentos. Os censores alemães pareciam não se dar conta dessa irônica contradição. Porém, mais alarmante era o fato de que, às vezes, os cartões continham mensagens veladas e, geralmente, cifradas. Por exemplo: uma pessoa havia chegado a Terezín, mas não estava mais lá. Ela tinha morrido tão rápido assim? Se não morrera, onde estava? Se tinha sido enviada para outro lugar *após* chegar a Terezín, isso significava que Terezín não era, no fim das contas, o derradeiro destino dela? Essa hipótese era simplesmente terrível. Com certeza, Terezín era um lugar sombrio, mas ficava em uma região de nosso país, facilmente acessível a partir de Praga, cercada de pessoas que falavam o nosso idioma e que sabiam, apesar da relativa distância, o que estava acontecendo. Se as pessoas eram deportadas de Terezín, então, certamente, eram levadas para um lugar desconhecido.

Mais ou menos nessa mesma época, ouvimos falar, pela primeira vez, de um obscuro campo de concentração em algum lugar da Polônia que havia adquirido uma fama sinistra, por motivos que até então não estavam muito claros. Tudo que ficávamos sabendo sobre Auschwitz era por meio de rumores e boatos. Ninguém tinha informações vindas diretamente de lá, nem ouvíramos falar de alguém que tinha estado ali e conseguira retornar. Por que então a simples menção desse nome enchia de sentimentos de horror o coração e a mente das pessoas?

Os pais de Paul foram os primeiros membros de nossa família a serem convocados. Reagiram bem à situação, sem se deixarem levar pelas garras do pânico. Paul enviou uma carta imediatamente a Franta, que seguira para lá na primeira leva de deportados e que agora, aparentemente, ocupava um cargo de confiança no gueto. Na carta, suplicou que ele cuidasse de seus pais, se isso fosse possível de fato. Depois de uma espera angustiosa, ele nos respondeu informando que estavam bem e se instalando em Terezín.

Pouco depois, no início de maio, o que eu mais temia aconteceu: minha mãe foi convocada também. Paul enviou outra carta a Franta. Fui à Central de Assuntos Judaicos e disse a eles que minha mãe era uma enfermeira experiente e que, se pudesse ser empregada em Terezín, seus serviços seriam muito valiosos. Não era verdade, assim como as garantias que nos deram — que a Central tentaria repassar essa mensagem para as autoridades de lá. Os últimos dias dela comigo em Praga são uma página em branco em minhas lembranças. Só sei que nada do que aconteceu depois foi tão doloroso quanto me separar dela, deixá-la partir, enquanto eu mesma tive de permanecer em Praga. No dia em que ela e tia Ida partiram juntas, eu, tomada de desespero, tive uma crise nervosa, pela primeira e última vez. Não consegui nem mesmo acompanhá-la até o local de reunião, mas Paul foi com ela.

A partir de então, passava as horas numa espécie de limbo, unicamente preocupada com a chegada do carteiro, mas não recebia nenhuma notícia, até que, certo dia, alguém enfiou uma carta por baixo da porta. Era uma carta enviada clandestinamente por Franta, que um policial checo amigo havia entregado em mãos. Ficara determinado que, de Terezín, o comboio de minha mãe deveria partir para outro destino, presumivelmente algum lugar no leste, mas, durante sua breve passagem por Terezín, Franta conseguira tirar o nome dela da lista. Contudo, em cima da hora, descobriram que o número de pessoas do comboio não conferia e, assim, ela foi incluída de novo. Nosso amigo informou também que ela se mostrara corajosa e equilibrada e que não havia mais nada que ele pudesse fazer. Na carta, estava claro que ele ficara angustiado com o ocorrido. A mensagem provocou uma transformação completa em mim: onde antes havia uma atitude corajosa e desafiadora, alojou-se o fantasma da passividade; o otimismo deu lugar à apatia, e uma resignação amargurada expulsou de mim toda esperança.

Alguns dias depois, minha prima Martha nasceu. Ela e Cilly, sua mãe não judia, estavam no hospital, no qual tio Hugo, seu marido judeu e pai da criança, não tinha permissão de pôr os pés. Como minha mãe demonstrara dedicação pelos parentes, achei que deveria substituí-la nesse papel. Sem pensar no perigo que isso representava para todos nós, tirei minha estrela e segui para o hospital. Mãe e filha estavam bem, mas os pacientes das camas vizinhas acharam estranho o fato de que chorávamos muito. De repente, a chefe da enfermaria apareceu para anunciar a chegada do oficial que faria o registro de nascimento dos neonatos. Acrescentou que precisariam de uma testemunha. E achou oportuno haver um visitante no recinto — no caso, eu — para desempenhar essa função. Informou que eu seria chamada a comparecer à secretaria dali a alguns minutos e pediu que eu mantivesse à mão meus documentos de identificação. Quando ela se retirou, saí correndo em busca do seguro anonimato das ruas.

Nesse mesmo mês, Heydrich, o *Reichsprotektor*, foi assassinado. A notícia foi recebida com um misto de espanto e incredulidade, satisfação maldissimulada e medo das inevitáveis represálias. Para tanto, não foi preciso esperar muito. Quando vivo, Heydrich levara terror aos cidadãos do Protetorado; quando morto, deixou um legado maligno. A busca pelos assassinos — checos que haviam entrado no país de paraquedas oriundos da Inglaterra — deixou um rastro de sofrimentos inqualificáveis e um número incontável de brutalidades, infligidas a esmo na população indefesa. Um povoado tranquilo e desconhecido, por exemplo, foi escolhido aleatoriamente para a prática de atos de vingança extremamente desumanos. Todos os homens de Lidice foram fuzilados, e suas mulheres e crianças, enviadas para campos de concentração; já algumas dessas mesmas crianças, aprovadas numa seleção com base na lei racial ariana, foram enviadas para a Alemanha para adoção. Depois, o povoado foi arrasado. Também como arbitrário ato de represália, os prisioneiros políticos do Protetorado e os mantidos em prisões alemãs foram executados. Do mesmo modo, não foi nenhuma surpresa a punitiva medida de enviar, de Praga, um comboio especial de judeus diretamente para o leste, sem escala em Terezín. A agradável sensação inicial de vingança, suscitada pela execução do executor, foi substituída por um sentimento de pavor, já que extensas listas de vítimas eram publicadas todos os dias. Nosso bairro foi alvo de minuciosas batidas policiais, pois corria o boato de que os assassinos haviam se refugiado numa igreja das redondezas.

Foi justamente nessa ocasião que o tenente achou por bem exibir sua estranha audácia infantil. Certa noite, ele foi nos visitar envergando a farda completa. Explicou que queria conversar sobre os últimos acontecimentos com amigos. O problema era que a Gestapo estava realizando buscas nas ruas próximas; porém, mesmo assim, ele pôs o revólver carregado em nossa mesinha de centro e declarou: "Que venham agora!" Foi um verdadeiro pesadelo.

Descobriram que os patriotas checos estavam escondidos na cripta da igreja. Traídos e encurralados, a única saída que acharam foi cometer suicídio.

Fui à Central de Assuntos Judaicos perguntar se alguém sabia informar algo sobre o paradeiro do comboio de minha mãe. Para minha surpresa, eles me deram o endereço da unidade encarregada de recebê-los em Lublin, na Polônia, e aconselharam que eu enviasse uma carta para lá. Disseram que deveria fornecer os dados pessoais de minha mãe e que pedisse permissão para enviar-lhe caixas de alimentos. Pela primeira vez desde que nos separamos, senti algo parecido com emoção e alegria e passei horas escrevendo uma carta capaz de causar uma impressão positiva na instituição destinatária. Anexei à missiva também uma mensagem pessoal para minha mãe.

As semanas seguintes transcorreram lentamente, num completo vazio, sem conteúdo nem sentido, a não ser um simples aguardar do inevitável. Quando, no início de agosto de 1942, fomos convocados, foi quase um alívio para nós — despertou nossas mentes do torpor em que jaziam e, enquanto arrumávamos as malas, emoções defuntas ressuscitaram. Expliquei minhas preocupações com minha mãe a nosso velho e confiável carteiro. Implorei que ele remetesse minhas cartas para Lublin, aos cuidados de meu tio Hugo, cuja esposa, que não era judia, ainda servia para lhe proporcionar alguma proteção contra a deportação.

Na última noite que passamos em casa, nossos amigos vieram nos visitar, ainda que constrangidos e envergonhados, trazendo pequenos presentes, sem saber o que dizer e querendo que entendêssemos que as forças que estavam prestes a nos separar não afetariam nossa amizade. O ambiente estava carregado de emoção, quando, a altas horas, a campainha tocou mais uma vez. Eram o tenente e sua esposa, que vieram se despedir de nós. Eles também trouxeram presentes, além de uma garrafa de conhaque para brindar a nossa eterna amizade. Demos um jeito de levá-los providencialmente para o banheiro, longe das vistas de nossos convidados, e lá fizemos brindes usando canecos, imbuídos agora dos familiares sentimentos de irritação misturados com gratidão e contentamento.

Por fim, após a partida de todos, precisávamos fazer mais uma dolorosa despedida: Adolf estava nos esperando no andar de cima. Sentamo-nos, pela última vez, no sofá em que havíamos passado tantas horas ouvindo as proibidas notícias da Inglaterra. Estávamos exaustos e ficamos sem saber o que dizer. Mas também não havia necessidade. Adolf deu corda ao toca-discos: o Concerto para Violoncelo de Dvořák falou por nós. Ouvimos a música, choramos, nos abraçamos e partimos. Nunca mais ouviríamos aquela música juntos.

7

Quando, em 5 de agosto de 1942, entramos no grande salão do Pavilhão da Feira de Negócios, fizemos uma pequena pausa para absorver a cena que tínhamos diante dos olhos. O lugar fez que me lembrasse das ilustrações do Velho Testamento de Gustave Doré, as quais eu ficava contemplando com reverência ao visitar meus avós quando criança. Era como a reencenação do Dilúvio, com o mar desaparecendo sob os pés de uma multidão de corpos prestes a se afogarem, mas com a diferença de que, ali, a massa de seres humanos parecia flutuar sobre seus colchões e malas de viagem. Nossos sentidos foram dominados pela visão de uma multidão de corpos em movimentação perpétua e pelos sons estranhos, conquanto perfeitamente humanos, que enchiam o ambiente. Porém, não havia tempo para reflexões, pois tínhamos de achar um lugar para nos acomodarmos, por mais impossível que parecesse. Quando o achamos, desaparecemos no mar de gente anônima que se abriu diante de nós e que depois nos engolfou. Essa foi a primeira vez que experimentei a sensação de haver perdido a própria identidade — meu nome, meu passado, a mim mesma. Agora, eu era a BA677.

O barulho à nossa volta era ensurdecedor, mas parecia vir de longe, e o calor, insuportável, embora, por dentro, nos sentíssemos gelados. Rostos, alguns deles familiares, apareciam e sumiam, e comecei a me sentir tonta e desfalecente. Parecia impossível conseguirmos sobreviver à nossa primeira noite nesse inferno, mas nos mantiveram lá por cinco dias.

Em certa manhã, soldados nos fizeram sair marchando do pavilhão sob a mira de armas e nos organizar em filas no pátio. Após longa espera, quando ninguém sabia o que iria acontecer, um pequeno grupo de oficiais da SS chegou e fez uma rápida inspeção. Entre eles, havia um homem de aparência comum e com um rosto desconhecido, que os outros pareciam tratar com grande respeito. De repente, ouvimos sussurrar que o nome dele era Eichmann.

Depois de longos dias no pavilhão, foi um alívio a chegada do momento de partirmos para embarcar no trem. Levaram-nos marchando para a estação às três da madrugada, ocultos pelo manto escuro da periferia adormecida. Exaustos, quase não nos demos conta de que estavam nos embarcando em vagões de transporte de gado e, quando as portas se fecharam sobre nós, tivemos apenas vaga ideia desse momento decisivo em nossas vidas. Assim, por estranho que pareça, fomos ficando mais animados e uns poucos de nós chegaram a começar a cantar.

Foi uma viagem que durou apenas cerca de uma hora e meia, de Praga para Bohušovice, que era então a estação de onde seríamos levados para Terezín. Tempos depois, Terezín passou a ter sua própria estação ferroviária, de modo que, de lá, os trens podiam ir direto para o leste. De Bohušovice até o destino seguinte, tivemos de caminhar mais de duas horas, carregando nossa bagagem sob o sol causticante de agosto. O aspecto aterrorizador dessa marcha, sob a vigilância de guardas da SS armados, foi apenas um prenúncio macabro do que teríamos pela frente. Muitos de nós desmaiaram e chegaram ao gueto inconscientes, estendidos em macas imundas.

Quando finalmente chegamos, meio delirantes por causa da sede e da exaustão, fomos levados qual rebanho para um edifício tenebroso e deixados lá por horas a fio, sem água nem comida. Estávamos profundamente abalados, embora quase inconscientes. Quando, de repente, abriram as portas, chegaram algumas pessoas dando prepotentes mostras de que esperavam respostas de nós, puseram identificações em nossos pertences e colheram muita informação. Uma vez que Franta tinha visto nossos nomes numa lista de recém-chegados, veio nos cumprimentar e consolar da melhor maneira possível. Descobri, por acaso, que uma jovem enfermeira uniformizada e que nos prestou os primeiros socorros era Hana, minha amiga e colega da antiga escola de dança. Ela prometeu voltar na manhã seguinte para me ajudar. Quando todos receberam a indicação de seus alojamentos individuais, Paul e eu fomos separados um do outro. Ele foi para o setor masculino e eu segui arrastando a mala com destino à rua Q, logradouro que passaria a ser o local de minha nova morada.

Havia quase trinta de nós em cada quarto, onde nos deitávamos em contato direto com o assoalho, sem nenhum tipo de forração, separados uns dos outros por apenas três ou cinco centímetros. Mesmo assim, tudo que queríamos era dormir, mas havia uma pobre louca entre nós, que ficava engatinhando pelo assoalho a noite inteira, gemendo, gritando e tentando nos arranhar com as unhas das mãos crispadas, em forma de garras. Fiquei apavorada com ela e acordava sobressaltada sempre que a sentia se aproximar de mim.

Na manhã seguinte, Hana me levou para a sala de banho do pavilhão feminino conhecido como "Hamburgo". Ficou vigiando enquanto eu procurava me lavar direito pela primeira vez, após ter sido obrigada a abandonar o lar. Isso era proibido, já que eu não fazia parte do grupo de internas do pavilhão. Depois do banho, segui com ela para a rua, onde me disse que tinha reservada para mim uma surpresa rara, uma espécie de "comemoração" de minha chegada e de nosso reencontro. Ela me levou para um mirante terraplenado, parte das muralhas da fortaleza que dava vista para o gueto e que havia sido coberta de grama e árvores. Ali, sobre a amplidão do terreno inclinado e verdejante, vi um grupo de jovens mulheres dançando. Nem procurei entender o que estava acontecendo; simplesmente me juntei a elas. E foi assim que passei minha primeira manhã em Terezín, dançando no mirante.

Nos dias seguintes, deram a nós, as recém-chegadas, grande número de ordens contraditórias e tivemos de cumprir uma série de tarefas variadas, que não pareciam ter outro objetivo além de nos domar. Certo dia, tive de arrumar centenas de malas vazias, abandonadas, roubadas ou confiscadas; no dia seguinte, passei as horas varrendo escadas e corredores. Depois, fizeram-me tomar conta de um grupo de pessoas idosas, as quais, tal como as malas, haviam sido "empilhadas" e abandonadas num sótão qualquer. Havia muito pouco que eu podia fazer por elas, a não ser conversar, dar-lhes água para beber e ajudá-las a usar a latrina mais próxima, nojenta, por sinal. Depois disso, foi quase um alívio voltar a cuidar das malas. E, em meio a toda essa atividade, fomos cadastrados, aparentemente como nova força de trabalho. Nossos dados pessoais — formação escolar, experiência profissional — foram devidamente anotados, e o jogo ridículo de nos integrar ao gueto começou.

Eu continuava a dormir no mesmo alojamento superlotado, mas a louca havia sido levada embora e Franta cravara dois pregos na parede acima de meu local de dormir, a fim de que eu pudesse pendurar alguns de meus pertences — quando fez isso, algumas das outras alojadas ficaram olhando com inveja. Paul estava abrigado num alojamento bastante antigo e, quando nos encontrávamos à noite, nos esforçávamos muito para nos apresentar diante um do outro com uma fachada de bom ânimo. Ele tinha, porém, um grande consolo: seus pais ainda estavam em Terezín, além de gozarem de um estado de saúde e de espírito razoavelmente bom. Fingiam, corajosamente, estar contentes com o fato de que agora estávamos todos reunidos, mas a realidade era que teriam preferido muito mais que estivéssemos morando ainda em nosso velho e confortável lar em Praga.

Depois de algumas semanas dessa vida incerta, Paul foi enviado para integrar uma turma de manutenção e construção de estradas, algo que achou melhor do que exercer um cargo administrativo espúrio. Quanto a mim, fui informada de que, em vista de minha formação e qualificações, consideraram-me apta a trabalhar num orfanato, o que me proporcionou a vantagem imediata de ser transferida para o Hamburgo, alojamento feminino situado ao lado de meu local de trabalho. Fiquei entusiasmada com minha nova acomodação, indiferente ao fato de que o recinto não tinha camas ou beliches e que era pequeno demais para as oito mulheres ali alojadas. Dormíamos em cima das malas, o que foi um avanço em comparação com os assoalhos desprovidos de cobertura, e gostei de minhas colegas de alojamento logo de cara.

O orfanato para meninas com idades entre 4 e 11 anos era administrado por duas enfermeiras-chefe, que eram as supervisoras de todas as auxiliares, inclusive eu. Se, por um momento fugaz qualquer, eu havia me achado sortuda por ter conseguido um trabalho vantajoso, talvez realizado num ambiente civilizado, fui logo desiludida. As supervisoras não eram apenas ineficientes, mas também insensíveis às necessidades de suas jovens tuteladas, com as quais, consequentemente, era difícil trabalhar. As meninas, muito poucas das quais órfãs de fato, eram solitárias, confusas e, quase sempre, rebeldes e histéricas. E viviam famintas.

Já nos primeiros dias posteriores à nossa chegada a Terezín, vi que a comida servida nas cozinhas do gueto era tão nojenta que ingeri-la era quase impossível. Mas, quando comecei a trabalhar no lar de crianças, a qualidade da comida não importava mais, pois, a essa altura, o que valia mesmo era ter o suficiente dessa massamorda para comer. Em suma, assim como os outros, eu estava sempre faminta.

O trabalho no orfanato era pesado, além de emocionalmente desgastante. Durante o dia, não tínhamos descanso. A tarefa mais árdua era carregar os barris de sopa quente, tendo o cuidado de não derramar nem um pingo, da cozinha, no quarto andar, até o térreo, onde ela era servida. Em semanas alternadas, eu era escalada para trabalhar à noite, durante sete dias seguidos, o que me obrigava a dormir no orfanato e lidar com muitas emergências, que iam de pesadelos a xixi na cama, mas também de travessuras a ataques de ansiedade e desespero de cortar o coração.

A primeira tarefa do dia era examinar a cabecinha das crianças para ver se havia piolho, enquanto procurávamos tomar cuidado para não sermos infectadas também. Depois disso, cabia a nós criar e submetê-las a um programa de atividades úteis, estimulantes e interessantes, porém instrução escolar era algo rigorosamente proibido, com base no princípio de que crianças judias deveriam ser mantidas ignorantes, como punição por serem judias. Quando fazia tempo bom, eu levava minhas tuteladas para o mirante, onde dançávamos ao som cantante de nossas próprias vozes. No entanto, todos que conviviam e trabalhavam com as crianças desobedeciam, deliberada e efetivamente, às ordens de "estudar é proibido", mas tínhamos de postar sentinelas para que ficassem atentas à aproximação de qualquer perigo. Mesmo assim, a maior parte das aulas era administrada apenas oralmente, pois era arriscado demais pôr lápis e papel nas mãozinhas delas, exceto para pintar e desenhar.

Era impossível fazer com que as crianças recuperassem a sensação de segurança que haviam perdido, e a única hora do dia que tinham permissão de passar com seus pais só servia para agravar sua sensação de abandono durante o restante das horas. Esforçávamo-nos muito para tentar mantê-las mentalmente acesas e saudáveis, para fazê-las participar de atividades físicas interessantes e divertidas, e para proporcionar-lhes uns rudimentos de instrução escolar. Todavia, apesar dos nossos esforços, elas sabiam muito bem que suas vidas não eram iguais às de crianças normais.

Paul trabalhava à tarde, mas ficava livre nas primeiras horas da noite, justamente quando eu estava bastante ocupada, dando banho nas crianças, pondo-as para dormir, lendo-lhes histórias à beira da cama ou entoando cantigas de ninar, para fazê-las achar que viviam num verdadeiro lar. Isso nos causava sérios problemas, pois, quando finalmente eu tinha condições de me retirar, sobrava pouco tempo para passarmos junto antes do toque de recolher. Agora, Paul estava abrigado num alojamento gigantesco, em que se acomodavam, principalmente, jovens trabalhadores. Assim que eu terminava o trabalho no orfanato, corria o mais rápido possível ao encontro de Paul para gastar com ele o curto e precioso tempo de que dispúnhamos, durante o qual compartilhávamos das migalhas de uma comida qualquer, que havíamos conseguido guardar ou economizar, ou então dividíamos umas tragadas numa guimba de cigarro que conseguíramos "organizar". Era muito raro ele se queixar e realizava seu pesado trabalho externo com um orgulho admirável.

Eu achava meu trabalho desanimador, apesar dos laços afetivos que criara com algumas crianças e das amizades que se estabeleceram entre as auxiliares. Certo dia, chegou uma nova mulher para trabalhar no orfanato. Ela era um pouco mais velha que o restante de nós, muito inteligente e requintada. Em outras situações, eu a teria considerado uma mulher esplêndida. Com seu senso de humor, ensinou-nos a rir de alguns absurdos da vida no gueto. Felizmente, conseguiu sobreviver e, depois da guerra, tornou-se uma pessoa importante na vida pública checa.

Um dia recebi uma visita inesperada no gueto. Chamava-se Vlasta, jovem atriz de grande talento que começava a ficar famosa. Em Praga, antes da deportação, ela me procurara para aulas de dança particulares sobre técnicas de movimento. Estava transbordante de entusiasmo com o novo projeto teatral que esperava poder compartilhar comigo. Até então, minha única participação na vida cultural de Terezín havia sido a de esporádica integrante da plateia de um ou outro concerto ou peça teatral. Nunca me ocorrera que, algum dia, eu poderia participar de uma dessas apresentações. Afinal de contas, quem se interessaria por uma dançarina desconhecida que trabalhava o dia inteiro, muitas vezes à noite, e que vivia cansada? O fato é que, mesmo diante da fome generalizada, das doenças e da ameaça de deportação para o leste, prosperou em Terezín uma vida cultural rica e variada. No início, as autoridades alemãs a proibiram; depois, toleraram-na e, por fim, acabaram usando-a como propaganda para ostentar o "gueto modelar".

Um jovem dramaturgo havia escrito uma nova peça em Terezín, intitulada O Grande Espectro, para ser encenada por uma atriz, um pianista e uma dançarina. Seu enredo incomum e controverso, que refletia as atitudes dos judeus em relação à vida e à sociedade no passado, considerando-as, geralmente de forma crítica, à luz da realidade atual, sugeria que judeus integrados às diversas culturas e sociedades eram os culpados pelas próprias desilusões e traições. A principal personagem da peça era A Mulher, papel compartilhado pela atriz e pela dançarina. A música servia, ao mesmo tempo, como acompanhamento e comentário sobre a trama. Vlasta recebera o papel de A Mulher e, evocando os laços que nós duas tivemos no passado, sugeriu que eu fosse a dançarina. O compositor, que seria também o pianista da peça, era Gideon Klein, para o qual haviam previsto um futuro brilhante antes de o futuro ter se tornado imprevisível. Vlasta me disse que, se eu aceitasse o papel, seria liberada de minhas tarefas diárias sempre que precisasse ensaiar.

A partir daquele momento, minha vida ficou dividida em dois compartimentos: num deles, eu continuava a enfrentar os problemas de minhas tarefas diárias, enquanto, no outro, minha mente e minha imaginação tentavam criar figuras e formas, ritmos e imagens. Os ensaios eram, ao mesmo tempo, um desafio e um incentivo para mim. O próprio autor da obra dirigia a peça e eu cuidava da parte coreográfica de meu papel em colaboração com Gideon, pelo qual eu sentia um misto de admiração e respeito.

A peça foi um sucesso e causou muitas discussões apaixonadas, tanto a favor quanto contra a mensagem polêmica que transmitia. Alguns se queixaram de que o final da peça, profundamente pessimista, ignorava os judeus religiosos e sionistas, os quais ainda conservavam sua fé e esperança, mesmo no outono de 1942.

Durante todo esse tempo, comboios de deportados partiam, toda semana, para um destino desconhecido no leste. Para a maioria de nós, a chance de ser incluído era sempre presente. Portanto, achávamos melhor não pensar muito nisso.

Fui transferida para trabalhar no terceiro andar do orfanato de meninos do alojamento conhecido como Hamburgo. O contraste em relação ao orfanato de meninas não poderia ser maior. No dos meninos, a supervisora, além de inteligente, sábia, maternalmente afetuosa e solícita, administrava o lar com dedicação e justiça, mas também com muito bom humor. Como resultado, além de predominar ali um clima amigável e relaxante, eram fáceis a convivência e o trabalho com os meninos, muito mais do que com as meninas que eu tinha deixado para trás. Eu os levava para brincar no mirante com frequência. Nesses passeios, eles seguiam caminhando pelas ruas em perfeita formação; porém, assim que chegavam à área ao ar livre, se transformavam em crianças saudavelmente barulhentas e brincalhonas. Gritavam, cantavam e pulavam — comportavam-se, enfim, como se não estivessem num gueto. Era difícil sossegá-las e enfileirá-las para fazê-las voltar para o orfanato e doloroso vê-las emburradas por causa disso, com os rostos tristonhos. Quando alcançavam as ruas de Terezín, davam mostras de que estavam bastante famintas.

Por causa do trabalho com as crianças durante o dia e as frequentes apresentações à noite, eu estava gastando muita energia que não conseguia recuperar. Mas isso não me preocupava, embora Paul estivesse ficando apreensivo.

Eu estava enchendo os baldes de carvão no porão um dia, quando ouvi alguém perguntar atrás de mim: "Posso ajudá-la?" Quando me virei, vi um sujeito atarracado, com um sorriso tímido e um ar de sinceridade no rosto. "Meu nome é Raphael Schächter", apresentou-se, "e vim conversar com você".

Ouvira falar a respeito dele. Raphael Schächter era um maestro talentoso e respeitado. No gueto, tinha conseguido reunir um excelente grupo de cantores e músicos, com os quais apresentava trechos de óperas ou realizava concertos. Seu trabalho era, em todos os sentidos, de excelente qualidade.

Ele pegou a pá de minhas mãos e, enquanto enchia os baldes, falou:

— Vi você dançando ontem à noite e sei que achei a coreógrafa certa para a minha *A Noiva Negociada*. Vou estreá-la na primavera. Gostaria de participar?

Precisei me sentar antes de responder.

— Sim — consegui balbuciar, sussurrante.

Enquanto ele subia com os baldes pelos dois lances de escada, explicou que tinha conseguido permissão para montar uma produção completa, com orquestra, coro e solistas. Acrescentou que não seria apenas uma empreitada artística, mas um gesto patriótico. *A Noiva Negociada* era uma ópera com a qual os checos se identificavam apaixonadamente, mas parecia que os alemães não sabiam disso. Estávamos em novembro agora. Os ensaios iriam começar depois do Natal.

8

Era um comboio saindo após o outro, chegando a Terezín e partindo de lá. Os recém-chegados eram saudados com aquele misto de complacência e simpatia com que soldados experientes sempre recebem os novos recrutas. Já as despedidas dos amigos e parentes de partida eram silenciosas e comedidas. Afinal, que poderia ser dito a pessoas que iam embarcar numa viagem sem saber por que e, muito menos, para onde iam? A participação ocasional em *O Grande Espectro* e a distante promessa de *A Noiva Negociada* elevaram meu moral e me ajudaram a superar cada dia como se ele prenunciasse um auspicioso amanhã.

Uma mulher, recém-chegada de Praga, me trouxe uma mensagem de tio Hugo. Era uma fotografia em que apareciam Paul e eu, segurando o bebê que eu visitara no hospital. No verso, ele escreveu o nome de minha mãe e um endereço: "Campo de Trabalho de Luka, Sobibor, Distrito de Lublin." O bom e velho carteiro de Praga deve ter se lembrado de meu pedido. Graças a ele, agora eu tinha motivo para acreditar que minha mãe estava viva e trabalhando em algum lugar na Polônia. Cheia de alegria e gratidão, consegui autorização oficial para lhe enviar um cartão-postal e, depois do prescrito *Ich bin gesund, es geht mir gut*, procurei desabafar, tentando fazer que coubessem, nas trinta palavras que podiam ser ditas na mensagem, todo o meu amor, toda a minha ansiedade e todas as minhas mais caras esperanças por dias melhores. Eu não tinha como saber que o cartão não passaria do cesto de lixo do censor alemão, que sabia que Sobibor estava fora do alcance de todo ser humano do lado de fora de seus muros.

Era inverno agora e fazia muito frio. As pessoas sucumbiam a doenças insignificantes, pois, em seu estado de fraqueza, elas se transformavam em pneumonia, que acabava levando à morte. Às vezes, Paul e eu recebíamos um embrulho com alimentos, o meio quilo permitido. Nós o abríamos lentamente e com grande expectativa. Dividíamos o conteúdo escrupulosamente, até a última migalha, e depois devorávamos tudo com uma avidez que nos deixava envergonhados.

Houve uma epidemia de gripe entre as auxiliares e as crianças do orfanato das meninas em que eu havia trabalhado. Com isso, recebi ordens de largar o trabalho na casa dos meninos e voltar para lá a fim de ajudar. Nas duas semanas seguintes, precisei me virar sozinha, tendo, ao mesmo tempo, de administrar o orfanato e cuidar das crianças, manter alguma ordem na instituição e procurar tranquilizar os pais desesperados. Passei noites insones na casa e tive até de renunciar ao escasso tempo que passava com Paul.

Após a primeira semana, comecei a ver as coisas como se estivessem envoltas em neblina e a ter a impressão de que ouvia minha própria voz soar a grande distância. Não sentia mais as dores agudas da fome, e meus movimentos haviam ficado dolorosos e mecânicos. Eu sabia que não poderia continuar assim por muito mais tempo e fiquei com medo. Contudo, quando algumas de minhas colegas auxiliares finalmente voltaram para o trabalho, deitei-me sobre a mala e, com um alívio imensurável, informei que eu mesma estava doente agora.

Acho que estava apenas sofrendo os efeitos da exaustão, mas dores estomacais e vômitos persistentes pareciam indicar o contrário. Uma das duas supervisoras da casa veio me examinar e declarou que eu estava simulando doença para me furtar ao trabalho. Na noite seguinte, uma dor aguda, pungentíssima, no lado direito do abdome, alarmou não apenas a mim, mas a todos também. De manhã cedo, um amigo foi correndo avisar Paul, que veio imediatamente, acompanhado de um amigo médico, por quem fui examinada rapidamente, enquanto alguém ficou vigiando. O diagnóstico dele confirmou aquilo de que todos suspeitavam: apendicite aguda. Numa situação normal, a providência imediata seria submeter-me a cirurgia, mas estávamos em Terezín, com seu tipo singular de burocracia, ou seja, os internos podiam ser examinados e, se necessário, tratados somente pelo oficial-médico vinculado ao alojamento deles. Por sorte, oficiais da SS fariam uma longa inspeção nesse dia e todos os oficiais e funcionários teriam de trabalhar o dia inteiro.

No fim da tarde, quando o médico do alojamento apareceu para me examinar, eu sentia uma dor insuportável. Ele deu ordem para que eu fosse transferida imediatamente para o hospital, onde eu seria operada à noite. Quando, meia hora depois, os maqueiros chegaram, eu estava delirando, mas feliz, pois a dor havia passado. Senti uma sensação de leveza maravilhosa enquanto me transportavam pela fria noite de inverno. Conseguia ver as estrelas e até conversar com elas, bem como com Paul, que seguia ao meu lado segurando minha mão. Senti-me em paz e achei que a vida voltara a ser boa.

Fui levada para a enfermaria feminina do hospital de Hohenelbe. Lá, notei que havia pessoas vestidas de branco à minha volta e, surpresa, percebi a preocupação em seus rostos. Senti que se debruçavam sobre mim com frequência, trocando observações aos sussurros. Ouvi alguém dizer que não havia tempo para o exame compulsório para ver se eu tinha piolhos e fiquei preocupada por um momento. E se as crianças tivessem passado piolhos para mim e agora eu os estivesse levando para o hospital?

Na mesa de operação, senti que alguém procurava pôr em mim, delicadamente, uma máscara anestésica. Ouvi uma voz distante perguntar que tipo de trabalho eu havia feito em minha cidade, na vida que eu tivera lá fora. Respondi debilmente, porém com orgulho: "Eu era dançarina." Essa mesma voz disse, num tom suave, mas repassado de tristeza: "Ela nunca mais poderá voltar a dançar."

Era o Natal de 1942.

9

Recuperei a consciência aos poucos e percebi uma luz azul fria e os contornos difusos de uma figura humana perto de mim. Sentia-me tonta e sonolenta, curiosa e apática, sozinha, mas amparada, embora não soubesse onde estava. Através das pálpebras semicerradas e pesadas, divisei a presença de um estranho. Notei que usava um jaleco branco e cheguei à conclusão de que devia ser médico e que o lugar, pouco iluminado, a enfermaria de um hospital à noite. Ele tinha entrevisto uns vislumbres de recobro de consciência em meu rosto e segurou minha mão. O gesto, ao mesmo tempo profissional e gentil, ajudou-me a desanuviar a mente.

Olhei para ele com mais atenção e, quando assim o fiz, minhas lembranças começaram a aflorar, e eu disse:

— Você se parece com alguém que conheci no escritório da Central de Assuntos Judaicos em Praga.

— Era meu irmão — respondeu ele, me levando a associar as coisas.

— Por que você está aqui? — perguntei.

— Para ficar com você quando estiver acordando — respondeu. — Está sentindo dor?

Ao ouvi-lo, movimentei as mãos à procura da fonte de meus tormentos de outrora e, em vez de martírio, achei grossos curativos envolvendo toda parte mediana do tronco. Já não sentia dores. Imbuída de gratidão, voltei a adormecer.

Despertei num mundo novo, de luzes intensas, vozes suaves, fervilhante de pessoas e acossada por nova sensação de dor. Como minha cama ficava perto da janela, conseguia ver o céu invernal e os galhos desfolhados das árvores do jardim do hospital. Percebi a aproximação de vozes e rostos de pessoas se inclinando sobre a cama. Senti mãos me tocarem e, com isso, a dor foi se intensificando, até me fazer gemer bem alto. Depois me contaram a série de acontecimentos que me haviam feito parar no leito de hospital, onde deveria ficar por muitos meses.

O longo tempo de trabalho árduo despendido no alojamento Hamburgo havia provocado a perfuração do meu apêndice. Acabei desenvolvendo peritonite, que agora punha minha vida em risco. A operação fora um sucesso, mas os efeitos colaterais me ocasionaram graves problemas, por causa das frequentes inflamações, que precisavam ser removidas com mais operações. Não havia antibióticos, tampouco se dispunha de penicilina, e as reservas de morfina estavam quase no fim. Por outro lado, eu podia contar com a firme e insuperável dedicação dos médicos e da equipe de enfermagem, fato que tornou a situação ainda mais impressionante, já que a vida no gueto não valia nada. Além disso, tal como todos os que viviam nele, eles tinham de se manter com os mesmos suprimentos alimentares, dos quais depender era quase a mesma coisa que morrer de fome, apesar das muitas horas no trabalho que exige a maior das responsabilidades.

Durante as longas e angustiantes semanas que se seguiram, pude conhecer e passei a amar todos os que me ajudaram em minha batalha pela vida: o doutor Springer, o cirurgião-chefe, jovem e com rosto de garoto, que havia realizado as operações e que agora me considerava sua joia mais valiosa. Sempre brincalhão e caçoador, jamais deixou que eu percebesse a profunda preocupação que meu caso inspirava; o cirurgião-assistente, ainda mais jovem que ele, que passou a véspera de Ano-Novo sentado ao meu lado, quando todos os demais integrantes da equipe hospitalar saíram em busca de uma forma de relaxar, em um tipo de festejo qualquer; as enfermeiras que me consolaram muito além do exigido pelo dever bem-cumprido e que se tornaram minhas amigas e confidentes. E havia também o misterioso médico de outra enfermaria que vinha todos os dias gastar uns minutos de atenção comigo e que, em silêncio, punha a mão fria em minha testa ardendo de febre. Assim que o doutor Knapp entrou no recinto, senti não apenas a sua presença, mas também a força curadora que parecia emanar dele. Algum tempo depois, quando recuperei um pouco de minhas forças, ele passou a conversar comigo e, com um cuidado e uma gentileza imensuráveis, me iniciou na exploração de um mundo que eu desconhecia: os ensinamentos de Rudolf Steiner.

Como médico, sabia quanto era precário o meu estado de saúde; como adepto da filosofia de Steiner, achava que podia ajudar o processo de cura conversando comigo a respeito da vida espiritual. Algum tempo depois, passei a aguardar com ansiedade a sua presença junto ao meu leito. Por mais ingênuas que fossem as minhas perguntas, ele sempre respondia com ternura e bom humor. Com isso, a lenta expansão de minha consciência me ajudou a conquistar a paz de espírito de que eu tanto precisava.

Nesses dias, pensei muito em minha mãe e quanto ela teria sofrido ao me ver tão doente e impotente. Talvez fosse melhor que ela não soubesse disso, mas eu sempre sentia sua presença ao meu lado. Falei com meu amigo sobre isso e ele me garantiu que minha mãe estava mesmo comigo em alguma dimensão espiritual, independentemente do lugar para o qual ela tivesse ido.

Apesar da imensa capacidade e dos esforços da equipe médica, minha recuperação era lenta, e o perigo de um processo infeccioso generalizado, sempre presente. Minhas percepções, no entanto, ficaram mais agudas do que nunca. Conseguia perceber fugazes indícios de preocupação nos rostos dos terapeutas e ouvia murmúrios que me revelavam a verdade sobre o meu estado. Enxergava o que havia por trás da máscara do sorriso otimista de Paul e compreendia o que minhas visitas diziam umas às outras quando achavam que eu estava dormindo. Um dia, com os olhos semicerrados, vi um homem à cabeceira de minha cama chorando: era Raphael Schächter. Haviam dito a ele que minhas chances de recuperação eram escassas.

Aos poucos, fui mantendo contato com os outros pacientes, a maior parte dos quais pessoas que tinham mais ou menos a minha idade e cujos leitos ficavam perto do meu. Entre elas havia uma mulher chamada Mitzi, que estava se recuperando de uma apendicectomia. Como ela e eu estávamos entre as mais jovens das pacientes, acabamos nos aproximando naturalmente uma da outra. Eu ainda estava gravemente doente quando ela recebeu alta. Gostava de seu jeito alegre, calmo, prático e sensato e achava que podíamos nos tornar amigas com o tempo.

Nesse ínterim, novas levas de deportados estavam sendo enviadas para o leste, mas, pelo menos por enquanto, Paul e eu estávamos seguros: então, os doentes graves ficavam isentos de deportação. Às vezes, notícias varavam o isolamento em que mantinham os internos de Terezín do contato com o mundo exterior. Erica, a paciente do leito ao lado, recebeu um cartão de um amigo que tinha sido enviado de Praga para Auschwitz por questões políticas. Parece que ele desaparecera lá havia muito tempo e não receberam mais notícias suas. No entanto, ela tinha em mãos agora um cartão enviado por ele, de um lugar chamado Birkenau, prova segura de que era possível que prisioneiros conseguiam sobreviver a Auschwitz e ser mandados para outro lugar.

Estávamos na primavera. As árvores além de minha janela floresciam, mas eu ainda estava fraca demais para me sentar na cama. Mal conseguia comer, para desespero dos médicos e das enfermeiras. Procurava esconder deles, da melhor maneira possível, o fato de que estava guardando minhas refeições diárias do hospital para Paul, que me visitava toda noite. Era triste ver que, apesar de sua grande apreensão para com meu estado de fraqueza, ele não conseguia evitar devorar a refeição extra com grande avidez. De vez em quando, para evitar suas repreensões, dava minha porção diária de comida a um paciente faminto, porém me sentia culpada depois: afinal, com isso eu privava Paul do almejado alimento e, ao mesmo tempo, mentia para ele.

Num dia ensolarado, o doutor Springer chegou à conclusão de que tomar ar fresco me faria bem. Fui levada de maca para o jardim e posta sob uma árvore. No início, fiquei contentíssima em poder desfrutar uns momentos a céu aberto e sentir o sol quente no rosto, mas, logo depois, comecei a recear permanecer sozinha ali, impotente e incapaz de me mover. Eu havia aprendido com o doutor Knapp a buscar as causas profundas de meus sentimentos e agora entendia que a enfermaria havia se tornado meu verdadeiro e único lar e que eu tinha me alienado do mundo exterior.

Os médicos resolveram tentar um último recurso, raramente usado — uma transfusão sanguínea. Em Terezín, doar sangue era um gesto altruísta e nobre, porém, obviamente, havia pouquíssimos doadores disponíveis. Contudo, num gesto de coragem, a supervisora encarregada do teatro, cujo grupo sanguíneo era compatível com o meu, decidiu se apresentar como doadora. Ela era uma mulher bonita, inteligente e gentil, e, embora a distância e timidamente, fazia tempos que eu a admirava. Fiquei infinitamente grata por ser beneficiada com esse valioso presente dado por ela.

A transfusão, feita diretamente de um braço para o outro, funcionou e, logo depois, foi chegada a hora de eu fazer a primeira tentativa de sair da cama. Contudo, quando tentei me levantar, sobreveio uma catástrofe que ninguém previra. Eu ficara deitada de costas durante meses, com minha perna direita encolhida para amenizar a dor que sentia no lado direito do tronco. Agora, mesmo com duas enfermeiras me segurando carinhosamente para me manter de pé, eu não conseguia esticar a perna de jeito nenhum. Não podia articular o joelho e, assim, pôr o pé no chão.

O silêncio chocante e profundo que caiu sobre a enfermaria foi rompido pela voz otimista do médico:

— Os músculos e os tendões de seu joelho devem ter se contraído. Teremos de operá-lo.

— Jamais! — Foi tudo o que consegui murmurar como resposta.

Já outro médico sugeriu um tratamento alternativo e lhe concederam duas semanas para mostrar que funcionava. Todo dia, durante meia hora, ele vinha massagear meu joelho para tentar restaurar, com suaves alongamentos, minha capacidade de articulá-lo. Ao fim de cada sessão, ele se sentava em cima dele por alguns minutos. A dor era insuportável, mas, enquanto prosseguia com o tratamento, eu retinha as lágrimas.

O procedimento funcionou. Quinze dias depois, quando me puseram de pé outra vez, consegui tocar o piso com o pé e, sustentada por uma pessoa de cada lado, andei manquejante pelo recinto pela primeira vez em seis meses. Médicos, enfermeiras e pacientes exultaram e aplaudiram. Alguns estavam com os olhos cheios de lágrimas.

Dali por diante, minha recuperação foi fácil. Voltei a comer e, como consequência, a sentir fome de novo. Passei a cuidar da aparência e fiquei radiante quando me deram permissão para me vestir sozinha e visitar pacientes em outras enfermarias. Aprendi a medir a temperatura e a pulsação deles, tarefa que realizava pela manhã, e fiquei feliz por poder prestar essa modesta ajuda às enfermeiras. Porém, finalmente, chegou o dia em que pude atravessar o portão do hospital apoiada no braço de Paul e alcançar a "liberdade" das ruas de Terezín. Era julho de 1943.

10

Após aquela primeira caminhada pelas ruas de Terezín, ainda me achava na estranha situação de continuar internada num hospital e, ao mesmo tempo, estar aparentemente bem-disposta e saudável. Não havia dúvida de que eu só receberia alta quando tivesse recuperado totalmente a saúde, mas me tornara inquieta e queria muito poder fazer alguma coisa útil. O doutor Springer notou minhas andanças despropositadas pelas enfermarias e deliberou que, independentemente da minha necessidade de cuidados físicos, eu precisava apressar minha recuperação fazendo algo que melhorasse meu estado de espírito. Assim, sugeriu que, durante algumas horas por dia, eu ajudasse sua sobrecarregada secretária em seu consultório.

Ela se revelou uma chefe rigorosa, mas eu estava muito disposta a aprender. Estudei a ficha dos pacientes e seus prontuários; aprendi a preencher os formulários de internação e de concessão de alta, além de certidões de óbito. Consultava os termos médicos nos devidos dicionários e os decorava. Fui preparada para lidar com as complexidades da rotina profissional de médicos e enfermeiras, bem como com as de seus plantões noturnos, e aprendi a espinhosa tarefa de distribuir porções adicionais de pães entre os que haviam feito horas extras e não entre os que fingiam que as tinham feito. Depois do expediente, eu voltava para o leito do hospital e a ser uma paciente comum.

Mas então sobreveio o dia em que a própria secretária foi incluída num comboio de deportados com destino ao leste e tive de assumir sozinha a administração do consultório, como a única pessoa encarregada de fazer com que funcionasse bem. Tornei-me "colega" dos médicos e das enfermeiras e, assim, passei a conhecer as verdadeiras pessoas que se escondiam por baixo de um verniz profissional. No entanto, me sentia feliz em trabalhar com eles e estava ansiosa para provar que havia uma mente saudável dentro daquele corpo ainda frágil.

Meu problema era que um abscesso, que tinha sido removido do lado direito de meu corpo, havia deixado para trás uma pequena ferida que se recusava a cicatrizar e que, apesar da minuciosa limpeza e de curativos muito bem-feitos, se mantinha obstinadamente chagada e purulenta. Desde que fosse tratada todos os dias, não seria uma fonte de grande perigo para minha saúde de forma geral, mas serviu para criar um bloqueio psicológico em minha mente. Fazia-me imaginar que me tornava diferente dos que eu considerava "saudáveis". No início, preocupava-me com isso sem dizer nada, porém, depois, comecei a fazer perguntas sem parar. Disseram-me que era uma fístula e que poderia ser removida; contudo, somente por meio de delicada cirurgia, mas ninguém sequer pensava em fazê-la. Por que não?, perguntei, exigindo resposta. Importunei o doutor Springer quase diariamente, até que, por fim, ele concordou em pensar na possibilidade de realizar a operação. Informou-me, depois de algum tempo, que se tratava de um procedimento difícil e complicado, tal qual ele mesmo nunca tinha feito. Explicou que estava disposto a correr o risco se tivesse certeza de que eu queria mesmo isso. Acabamos marcando o dia da operação para dali a um mês. Até lá, continuaria minha rotina diária, trabalhando durante o dia e voltando para o leito hospitalar à noite.

À medida que o dia da cirurgia se aproximava, Paul e seus pais, além de muitos de nossos amigos, foram ficando cada vez mais apreensivos em relação ao acerto de minha decisão. Eu mesma estava cansada e insegura, mas uma estranha mistura de teimosia e superstição impediu que eu fosse vencida por minhas próprias dúvidas. Como sempre, na tarde da véspera da intervenção cirúrgica — estávamos em dezembro de 1943 —, eu trabalhava normalmente no consultório quando o doutor Springer entrou e me disse, animadamente, que precisaria sair do hospital cedo naquele dia, pois queria ir para casa, onde pretendia realizar estudos sobre a cirurgia em suas fontes de consulta. Despediu-se de mim e saiu. Passei apreensiva o início da noite e insone todo o restante das horas: um após o outro, os outros médicos vieram me procurar para implorar que cancelasse um procedimento cirúrgico tão perigoso, me dizendo que era irresponsável loucura seguir em frente com aquilo. Ouvi-os com atenção, agradeci a todos pela preocupação, mas pedi que as enfermeiras prosseguissem com os preparativos.

A operação foi um sucesso, apesar de todas as previsões pessimistas. Uma semana depois, eu estava de pé e não sentia nenhum efeito colateral. Nenhum de nós tinha como saber que, se a operação não houvesse sido realizada, a ferida aberta teria se transformado, com certeza, em foco de grave infecção dias após a minha chegada a Auschwitz, ocorrida seis meses depois, com um resultado inevitável.

Enquanto eu lutava com os meus problemas no refúgio do hospital, a população do gueto tinha de enfrentar as duras consequências do inverno. Subnutrição crônica, falta de higiene e condições climáticas severas ameaçavam a vida de todos. Um simples resfriado se transformava em pneumonia; um pequeno distúrbio estomacal, em gastroenterite. Doenças se tornavam epidêmicas, e um surto de febre tifoide no orfanato das crianças em que trabalhei provocou muitas mortes, incluindo a de uma de minhas jovens superioras.

Mas também as pessoas haviam se tornado resistentes e estoicas. Encorajadas pelas notícias da frente de combate — algumas não passavam de boatos —, estavam preparadas agora para viver um dia após o outro movidas apenas por esperança, desde que fosse em Terezín. O grande pavor delas eram os constantes comboios que partiam para o leste, onde as pessoas pareciam desaparecer sem deixar rastros. Tio Erwin, o único irmão de meu pai, tinha sido levado para lá em setembro. Em dezembro, foi a vez dos pais de Paul. Partiram dez dias após a minha operação e, assim, pude dar uma última caminhada com eles pelos corredores do hospital. Lembro-me de que o pai de

Paul, digno até o fim e sempre mantendo as emoções sob controle, pousou as mãos em nossas cabeças num afetuoso gesto de bênção e despedida. Seis semanas depois, morreu de pneumonia, após chegar a Auschwitz.

Duas semanas depois que os pais de Paul partiram de Terezín, os médicos declararam que eu estava recuperada e entregaram os documentos de dispensa ao doutor Springer, para que os assinasse. Foi um momento emocionante, que exigia uma pequena comemoração, mas fiquei triste, pois, agora, tinha de abrir mão da relativa segurança do leito e procurar algum lugar para morar enquanto continuava a trabalhar no hospital.

Por fim, achei um minúsculo anexo de um cômodo numa edificação que outrora fora um lar, mas agora abrigava dezenas de famílias. Em seu interior havia apenas um beliche, uma cadeira e uma estante, mas era tudo meu e, por isso, saboreei com prazer o longamente esquecido luxo de viver em minha própria casa. Depois de meses no gigantesco alojamento conhecido como Hamburgo, na companhia de centenas de outras pessoas, eu havia desfrutado da relativa privacidade de um leito de hospital, numa enfermaria com apenas trinta pacientes. E, agora, de repente estava sozinha e me sentindo livre. Livre para cuidar de mim mesma e tomar minhas próprias decisões diárias, livre para ler até tão tarde da noite quanto quisesse, livre até para chegar tarde em casa, portando documentos atestando, falsamente, que eu era integrante da equipe de enfermagem do hospital.

Na terapêutica e disciplinada rotina de minha vida no hospital, meu mundo se resumia a uma cama de enfermaria e a uma mesa de consultório. Já em meu próprio e diminuto cômodo, criei a ilusão de que habitava um lar. Decorei-o, pois, com fotografias, exibi meus poucos livros na estante e, de vez em quando, o adornava com flores colhidas do jardim do hospital. Quando Paul vinha me visitar, eu o recebia como anfitriã e fingíamos que levávamos uma vida civilizada, comendo nossas migalhas num prato que eu pegara emprestado da cozinha do hospital.

Às vezes, experimentava a impressão de que perdera, após ter deixado o hospital, a proteção que tinha de ser poupada da deportação, mas julguei infrutíferos e deprimentes esses pensamentos, que, portanto, deviam ser evitados. Estávamos na primavera outra vez e, mesmo em Terezín, o céu era azul e as árvores exibiam cheirosas florações. Os rumos da guerra não eram favoráveis à Alemanha e as pessoas não cessavam de repetir entre si: "Vai acabar logo."

Então, em meados de maio, um acontecimento: dois grandes grupos foram convocados para deportação, nos quais estávamos incluídos. Reagimos como a maioria das pessoas — no início, com assombro; depois, com resignação. O doutor Springer e todos os funcionários do hospital ficaram pasmos: afinal, haviam ficado muito orgulhosos com minha recuperação e achavam que eu seria poupada até o fim. "Se ao menos eu não a tivesse operado tão bem...", observou ele com tristeza. "Mesmo que você estivesse apenas um pouco adoentada, eu poderia mantê-la aqui."

Na verdade, no outono seguinte, até os mais gravemente doentes foram levados de maca para os trens.

Se tínhamos achado que os dois anos passados em Terezín nos haviam fortalecido o bastante para suportarmos toda espécie de sofrimento, os primeiros minutos no trem nos provaram o contrário. Viajamos em condições destinadas a nos infligir o máximo de sofrimento possível. Velhos e jovens, inválidos e crianças de colo, eram todos espremidos de tal forma nos vagões que era impossível se mexer. Além da falta de ar e iluminação, não tínhamos água, nem um balde sequer. Quando o trem partiu da estação de Terezín, muitos se desesperaram, outros choraram, uns poucos oraram e a maioria caiu em mudo desespero. O trem chegou a Praga à noite e ficou parado lá por um tempo, uma longa composição de vagões de transporte de gado quase totalmente fechados, cada um apenas com uma minúscula janela com grade. Certamente, havia pessoas na plataforma de embarque, pessoas que viram e ouviram alguma coisa. Que acharam disso? Que pensaram? E quanto se importaram com tudo isso?

Após mais uma noite e mais um dia nos vagões, havia poucas pessoas lá dentro que ainda conservavam em perfeito estado a totalidade de suas faculdades físicas e mentais. Havia mortos em toda parte. Alguém seria capaz de se apiedar deles? Fiquei quase paralisada de medo e tive grande dificuldade para respirar, mas Paul continuou imperturbável e tentou, com valorosa determinação, nos manter em bom estado de espírito. Seu esforço foi em vão.

Quando amanheceu, o trem parou de novo. As portas foram abertas bruscamente e, em meio a gritos e ditos obscenos, uns sujeitos com aparência selvagem, trajando roupas de presidiário listradas, entraram nos vagões e atiraram a nós e aos nossos fardos na plataforma, onde guardas da SS, que pareciam achar graça da situação, nos receberam acompanhados de cães ferozes. Alguns minutos depois, fomos divididos em filas de homens e mulheres e marchamos para os portões, onde uma sentença proclamava: ARBEIT MACHT FREI.* E, assim, entramos no Campo de Trabalho Forçado de Birkenau — que era Auschwitz.

---

*Literalmente, "O Trabalho Liberta". (N. T.)

11

Chegamos de Terezín em 20 de maio de 1944. Até esse dia, nada sabíamos a respeito de campos de extermínio ou de câmaras de gás. Haviam nos dito que seríamos levados para um campo de trabalho. Após o trauma provocado pela descoberta da verdadeira natureza do campo, acabamos percebendo que, por um estranho paradoxo, não eram as condições de sobrevivência os piores aspectos de Birkenau, mas a vida em si, que, ali, era um pesadelo.

No choque da primeira hora, foi um alívio ver um rosto conhecido, mirar olhos que expressavam o mesmo misto de assombro e incredulidade. Mitzi era uma jovem forte e corpulenta, dotada de senso prático e mente saudável, sem nunca demonstrar um traço sequer de desespero. Vê-la em estado de choque profundo foi assustador, mas também confortante. Já em Terezín gostávamos uma da outra e nos tornamos amigas em nossas primeiras horas e dias de gueto, quando a realidade do lugar e os papéis que desempenharíamos nele começaram a ficar claros.

Uma dessas ocasiões foi quando ela e eu ficamos juntas na fila de espera, aguardando a vez de passar pelo ritual de tatuagem. Antes de Auschwitz, eu jamais tinha visto alguém tatuado. Em minha mente, associava tatuagens às histórias heroicas dos bravos de *O último dos moicanos*. O processo de tatuagem em si não era doloroso, mas tinha como finalidade um objetivo terrível. Além disso, tínhamos de assinar um documento estranho, por meio do qual ficava estipulado que deveríamos ser detidos em Birkenau por tempo indeterminado, após o qual seríamos submetidos a *Sonderbehandlung* — tratamento especial — por ordem do *Reichsführer*.

Com a vida que levávamos em Terezín, imersa num mar de restrições e privações psicologicamente arrasadoras, eu não parava de pensar em Praga, mesmo sob ocupação alemã, como um paraíso perdido. Agora, me surpreendia pensando no aspecto horrível do gueto com algo que beirava a nostalgia. No mirante e no jardim do hospital de Terezín, havia gramados e até algumas flores. Suas árvores tinham folhas ou ficavam desnudas, dependendo da estação, e os pássaros cantavam e piavam uns para os outros. Aqui, a natureza havia morrido junto com as pessoas. Os pássaros haviam fugido da fumaça negra dos fornos crematórios, fumaça que a tudo impregnava, e sua partida deixou um silêncio que mais parecia um grito de horror. Em Terezín, pelo menos as pessoas ainda exibiam reconhecíveis traços de personalidade e as características de sua antiga individualidade. Aqui, os internos que tinham chegado no mês de dezembro anterior haviam caído num estado de monotonia e uniformidade em sua maneira de pensar e se expressar, como se todos houvessem sido afetados pela mesma e inexplicável experiência. Apresentavam uma impulsividade cruel, quase sádica, de iniciar os recém-chegados nos tenebrosos mistérios de Birkenau e de nos descrever o que teríamos pela frente. A transformação pela qual até mesmo o mais gentil deles havia passado era assustadora.

Pouco tempo depois de chegarmos, Paul e eu caminhávamos pela *Lagerstrasse* quando ouvimos alguém nos chamar pelo nome. Era o nosso jovem amigo Erwin. Ele parecia bem em seu uniforme de presidiário, limpo e bem-passado, e usava um boné de maneira irreverente. Cumprimentou-nos com imenso prazer, como se estivéssemos nos encontrando numa estação de veraneio. Em seguida, me perguntou se eu tinha conseguido trabalho. Respondi que não, porém sabia que era sumamente importante conseguir uma ocupação relativamente útil o mais rapidamente possível.

No dia anterior, minha *Blockaelteste*, a mulher encarregada da administração de meu setor, me oferecera, de supetão, um cargo de chefia. Recusei o trabalho, alegando que não era muito boa nessa coisa de ficar dando ordens e intimidando pessoas. Ela ficou furiosa e me advertiu que não tardaria o dia em que me arrependeria de minha ingratidão. Pensei nisso quando Erwin explicou que ele era o encarregado da lavanderia — na verdade, ele era o *Kapo** — e que poderia conseguir um trabalho para mim lá, se eu quisesse. Respondi que queria, com certeza, pois era uma sorte extraordinária poder trabalhar sob o olhar benevolente de um chefe como ele. Assim, aceitei a oferta com gratidão e depois perguntei, um tanto envergonhada, se eu teria permissão de levar

---

* Originalmente, prisioneiro de campo de concentração nazista que recebia privilégios em troca da supervisão de turmas de trabalhadores forçados: geralmente, era um criminoso comum e, quase sempre, brutal para com os colegas de cativeiro. Traduzida e adaptada de *Random House Webster's Unabriged Dictionary*, 2ª ed., 2009. (N. T.)

para trabalhar comigo minha amiga Mitzi. Meu pedido foi aceito e nos despedimos como amigos, ou, pelo menos, foi o que achei.

O trabalho na lavanderia não era tão cansativo. Tínhamos de lavar cada peça à mão, mas, de qualquer forma, geralmente todas as peças de roupa estavam razoavelmente limpas, já que haviam sido roubadas das malas de recém-chegados, dobradas cuidadosamente por eles antes de partir. Após lavadas, púnhamos as peças no varal para secar. Algum tempo depois, elas eram recolhidas e passadas adiante para serem usadas em algum lugar do Reich.

Erwin era um *Kapo* razoavelmente amigável, mas logo descobri que fora um erro presumir que éramos o mesmo tipo de pessoas que haviam se conhecido em Praga. Nossos papéis tinham se invertido de forma bem clara: o campo tinha dado ao adolescente inseguro e impulsivo um cargo de grande autoridade, ao passo que sua simpática anfitriã de muito tempo atrás era agora sua humilde empregada, sem direito a nada. Meu erro foi não ter avaliado com precisão a gravidade dessa inversão de papéis, pelo menos até certo dia.

Cheguei alguns minutos atrasada ao trabalho e Erwin viu isso acontecer. Ordenou, com rispidez, que eu comparecesse ao seu escritório. Lá, para grande espanto meu, lançou no meu rosto gritos furiosos e depois assumiu uma atitude ameaçadora. Disse que ele era o chefe, que tinha o poder de me punir pela transgressão mais insignificante. Acrescentou que estava investido de autoridade para exigir obediência absoluta de mim e que eu não tinha direitos de espécie alguma. Só fiquei escutando e, por fim, disse, mais irritada do que amedrontada: "Erwin, pelo amor de Deus!" Nisso, ao mencionar o nome pelo qual o tinha conhecido, ele perdeu totalmente o controle. Ordenou que eu me ajoelhasse na frente dele, com os braços levantados, e jurou que me espancaria até a morte se não permanecesse nessa posição por quanto tempo lhe aprouvesse.

Foi uma situação absurda e, durante algum tempo, tive vontade de rir, apesar da humilhação. Era muito doloroso ficar de joelhos no piso de concreto com os braços para cima, mas a visão desse rapaz enlouquecido diante de mim teve um efeito estranho sobre o meu ser. Senti pena dele. Após longo silêncio, eu disse suavemente: "Erwin, você deveria sentir vergonha de si mesmo." Ele me fixou com um olhar fulminante de ódio, como se fosse me matar, mas então teve uma crise de remorso e desabou. Em seguida, me levantou, chorando convulsivamente e repetindo sem parar: "Perdoe-me!"

Tentei consolá-lo, acariciando suas mãos, morrendo de medo que alguém entrasse ali e testemunhasse essa cena grotesca.

Ele acabou se acalmando e começou a falar como se fosse uma criança desesperada — explicou que seus pais tinham ido para as câmaras de gás ao chegar, que estava sozinho no mundo, sem nenhum amigo. Revelou que tinha medo da vida e, sobretudo, de si mesmo. Disse que tínhamos sido bondosos para ele em Praga e que desejava ser bom para mim em Auschwitz, mas que o demônio do campo o tinha alcançado, havia se apossado dele e agora trabalhava por seu intermédio. Concluiu dizendo que sabia que não iria sobreviver, que, por dentro, já estava morto. Respondi, sem convicção, que, por ele ser jovem e saudável, tinha o tempo como seu aliado, mas ele meneou a cabeça com tristeza. E não sobreviveu mesmo, nem nunca teria chance de sobreviver.

Os integrantes do comboio de setembro sobreviveram até março e depois foram exterminados. Os que chegaram em dezembro viviam na expectativa de ter o mesmo destino, depois de seis meses de prorrogação da execução. Isso aconteceria em junho, e nossa chegada, em maio, reforçava os seus receios. Chegamos como os substitutos deles. Os trazidos no comboio de setembro não tiveram nenhum aviso, nem mesmo uma premonição; já os do comboio de dezembro tinham visto tudo e sabiam de tudo. Um número considerável deles não tinha a mínima intenção de seguir para as garras da morte sem antes lutar para sobreviver; nos pátios, após os toques de chamada, e nos setores prisionais, Paul e eu ouvíamos, por acaso, palavras como "armas", "resistência", "briga". Nós, os recém-chegados, estávamos lutando para sobreviver, enquanto eles, os veteranos de quase seis meses de campo, se preparavam para morrer.

De repente, um novo boato devastador começou a circular pelo campo, dando conta de que o dia fatídico seria 18 de junho e que as vítimas escolhidas eram dos grupos trazidos no comboio de dezembro e no de maio. Um negro manto de tristeza mortal e perplexidade desceu sobre os condenados. Afinal, restavam-lhes muito pouco tempo de vida e nenhuma esperança. No entanto, naquele exato momento, começou a brilhar no distante horizonte uma luz promissora: em 6 de junho, as Forças Aliadas haviam desembarcado na Normandia. Um membro da SS tinha deixado a informação vazar e, nessa mesma noite, todos ficaram sabendo do ocorrido.

No que nos dizia respeito, os alemães reagiram rapidamente, porquanto o crescente esforço de guerra precisava de mais mão de obra escrava. Assim, decidiram que somente os fracos e doentes, os muito idosos e os muito jovens deveriam morrer. Todos os demais teriam de trabalhar para o Reich. Essa decisão, por sua vez, estabeleceu no campo o uso de uma nova palavra, *Selektion*, ou seja, seleção. Passar pelo processo seletivo significava uma ampliação da chance de sobrevivência do condenado no campo de concentração; a reprovação levava o infeliz à extinção nas câmaras de gás. O corpo saudável e sem defeitos ou cicatrizes havia se tornado o único bem valioso do prisioneiro.

A doença que me acometera em Terezín e minhas muitas e muitas operações haviam me deixado fraca e com cicatrizes de toda espécie. Minha barriga estava riscada com um cipoal de cicatrizes vermelhas e doloridas, as quais, durante os banhos coletivos, costumavam provocar comentários e perguntas de pessoas assustadas.

No primeiro processo de seleção, entramos no fim de uma longa fila de mulheres, que avançava lentamente, atravessava um gigantesco setor prisional e, por fim, nos levava até um ponto em que tínhamos de tirar as roupas e depois seguir desnudas, levando as roupas numa trouxa, na direção de nossos "jurados". O doutor Mengele e seus assessores da SS perguntavam, a cada uma de nós, o nome, a idade, a ocupação anterior e o local de residência. Enquanto a prisioneira respondia às perguntas, o doutor Mengele examinava o corpo dela. Todas que apresentassem algum tipo de marca ou mazela, varizes, inchaços, descolorações ou cicatrizes recentes eram levadas a atravessar uma porta situada atrás da equipe da SS e nunca mais seriam vistas. As outras, as "sortudas" ou escolhidas, eram encaminhadas para outra porta e recebiam ordem para se vestirem antes que voltassem para o campo.

A seleção durou várias horas. A fila avançava muito lentamente. Eu sabia que não seria aprovada, mas pensei, por alguns instantes, no doutor Springer. O doutor Mengele e seus assessores estavam ficando inquietos e impacientes, talvez porque o processo estivesse demorando muito e ainda houvesse muitas para serem examinadas. Passaram a fazer perguntas mais curtas e com mais rispidez, entremeadas de comandos rápidos e enraivecidos. Não havia mais do que umas dez colegas na minha frente quando ouvi um deles gritar: "*Schneller, schneller!** O grupo seguinte só precisa tirar o vestido; as roupas íntimas, não!" Por enquanto, eu estava salva.

Apenas alguns dias depois, veio o processo de seleção seguinte, para que pudessem passar pelo pente-fino os que tivessem sido aprovados indevidamente; por exemplo, os casos de pessoas de 45 anos que haviam dito que tinham 35 e de jovens de 14 anos que haviam fingido

---
* "Mais rápido, mais rápido!" (N. T.)

ter 17. Chegamos a outro setor prisional e, dessa vez, tivemos de nos despir na entrada. Uma fila nos levava até Mengele, e as prisioneiras que tivessem sido aprovadas na inspeção inicial entravam em outra fila para recolher suas roupas. As que não retornavam da inspeção desapareciam, do jeito que estavam, ou seja, nuas mesmo, por uma porta que havia atrás do médico. O número das participantes do processo de seleção era muito menor do que o do anterior. Havia membros da SS em toda parte, supervisionando os procedimentos. Eu não tinha como esperar outro milagre. Dessa vez eu teria de me virar. O que eu teria a perder?

Sem olhar para ninguém, dei um passo enorme para a direita e, com isso, entrei na fila das que tinham sido aprovadas e estavam voltando para pegar suas roupas. Ninguém percebeu minha esperteza, nem nada foi dito. Vesti-me rapidamente e saí de lá correndo para os braços de Paul, que havia sido aprovado também em seu processo de seleção e estava em pé lá fora, na companhia de muitos homens, uns esperançosos, outros desesperados. Ele mesmo não ousara nutrir muitas esperanças.

Alguns dias depois, ele e eu nos despedimos. Ele foi incluído num grupo de homens jovens que seria enviado para trabalhar na Alemanha. Nunca antes um trem transportando pessoas vivas tinha partido de Auschwitz e, quando conversamos pela última vez, falamos sobre a vida doméstica e o futuro.

Paul morreu, em abril de 1945, no Campo de Concentração de Schwarzheide.

As mulheres que haviam sido aprovadas nas seleções foram levadas marchando do Campo de Unidades Familiares de Birkenau para o campo de prisioneiras. As idosas, as doentes e as crianças foram deixadas para trás. À noite, a parte do céu sobre o campo de famílias se encheu de luzes coloridas, que iam de um laranja intenso a um vermelho vivo. Ficamos observando as chamas que consumiam os corpos das que haviam sido deixadas para trás. A mãe de Paul estava entre as vítimas.

A vida no campo de prisioneiras representava o que havia de pior em matéria de degradação e sofrimento. Os recintos em que dormíamos davam a impressão de que iam estourar de tão cheios. A sopa era servida sem colher, de modo que sofríamos a humilhação adicional de termos de tomá-la lambendo-a da tigela. As chamadas chegavam a durar cinco horas e ficávamos o dia inteiro sem permissão de entrar nos alojamentos. Não trabalhávamos, mas tínhamos de nos manter de pé, durante o tempo todo, trajando o uniforme listrado de prisioneiras, até que nos ocorreu a ideia de desenvolver uma forma sistemática de ficarmos agachadas, onde e quando fosse possível, enquanto algumas de nós atuavam como sentinelas. As prisioneiras do campo, em sua maior parte polonesas, nos tratavam com ódio e desprezo. Achavam que as autoridades alemãs tinham nos acostumado mal. Como podíamos nos queixar, perguntavam elas, zombeteiras, se havíamos acabado de chegar? Será que não sabíamos que elas vinham levando esse tipo de vida desde 1939?

Certo dia, recebemos a ordem para trabalhar. Nosso trabalho consistia em carregar tijolos por um longo caminho pedregoso, no fim do qual mandaram que os empilhássemos e voltássemos correndo para o ponto de partida. Fazia muito calor e, após algum tempo de esforço, os tijolos ficavam insuportavelmente pesados. Nossas mãos começavam a sangrar. Os guardas só ficavam observando e, às vezes, nos fustigavam para que prosseguíssemos, enquanto, doutras, ameaçavam fuzilar as que titubeassem ou caíssem. Após algumas horas de trabalho, desfaleci sobre a pilha de tijolos ainda por carregar. Nisso, uma jovem *Kapo* alemã, que nos supervisionava, me viu jazendo sobre a pilha. "Levante-se e comece a empilhar!", gritou, primeiro comigo e depois com as outras que haviam desfalecido também. Ela nos mostrou como construir um muro de tijolos bem aprumado, "lenta e metodicamente", e depois foi até os guardas e contou a eles uma mentira qualquer a respeito da finalidade do muro. Ela manteve essa atitude pelo restante do dia e, assim, nos salvou de morrermos de exaustão ou sermos fuziladas. Seu nome era Kate, tornada prisioneira por questões políticas. Na ajuda que nos prestou, ela expôs a grande risco, conscientemente, a própria vida. Mesmo depois de passar muitos anos no campo, sua chama de compaixão e sentimento humanitário não havia se apagado.

Por volta de agosto, as condições físicas e mentais de muitos tinham sofrido grave degradação. Víamos com pavor e piedade elas se deixarem vencer e quanto passavam a negligenciar de si mesmas, mas, com respeito ao seu estado psicológico, só podíamos fazer suposições, pois tinham parado de se comunicar com as demais e pareciam se fechar em si mesmas: haviam se tornado as mortas-vivas dos campos.

A essa altura, alguns comboios tinham partido para campos de trabalho forçado em outros lugares. Fariam outra seleção para o restante de nós, dessa vez a céu aberto. Teríamos de passar na frente de membros da SS, nuas, segurando as roupas em cima da cabeça.

Quando me aproximei do oficial da SS, vi que estava parado ao meu lado, em pé, de onde teria uma visão perfeita de minhas cicatrizes. Esforcei-me para olhar fixamente para a frente, sabendo que, se me olhasse direto nos olhos, conseguiria ver neles o medo de morrer. Passei lentamente pelo oficial, procurando me manter aprumada, e, dali a pouco, me dei conta de que tinha passado por ele, que não me parou. Nisso, vi tudo escurecer na minha frente e desmaiei. Alguém me ajudou a levantar e informou: "Terminou. Essa foi a última seleção."

Alguns dias depois, partimos para Stutthof.

12

No dia de agosto em que partimos de Auschwitz, fomos marchando até a estação de cabeça erguida e muito animadas. Se houvéssemos tido permissão, teríamos prorrompido em canções de euforia. De repente, uma *Kapo* parou ao lado da coluna de mulheres em marcha. Era Kate. "Como gostaria de poder ir com vocês...", disse ela tristemente, e nos acenou com um adeus.

Mas a viagem de trem logo nos desanimou, pois não havia lugar suficiente para que todas se sentassem, quase nada para comer e, o pior de tudo, muito pouco para beber. Senti muito calor nos vagões de transporte de gado. Quando, no fim de um dia inteiro de lenta viagem, chegamos a Stutthof, acabamos sendo rebaixadas outra vez à condição de mulheres desesperadas.

À primeira vista, Stutthof parecia melhor do que Auschwitz. A proximidade do mar Báltico refrescava a atmosfera e emprestava ao ar uma transparência estranha, que suavizava os contornos dos feios edifícios do lugar. À noite, tínhamos espaço suficiente para nos espreguiçar, mas não havia beliches e eram muito poucos os cobertores. Acostumadas, como estávamos, com guardas da SS em toda parte, ficamos confusas com o fato de que só apareciam durante os toques de chamada. Aliás, fomos deixadas mais ou menos à vontade, embora com o mínimo de comida e água, condições sanitárias aterradoras e nenhuma ideia do que aconteceria conosco. Ficávamos sentadas e deitadas o dia inteiro, esperando, sem saber o quê, e fomos caindo numa depressão cada vez mais profunda: no fim das contas, tínhamos sobrevivido a Auschwitz e, agora, perdidas e esquecidas, parecíamos fadadas a morrer, simplesmente, por completo abandono.

Mitzi adoeceu gravemente, vítima de dolorosa infecção na garganta. Teve febre alta e ficou semidelirante. Um estudante de medicina disse que desconfiava que ela estava com difteria, mas, ali, tal como em Auschwitz, era perigoso demais informar que se estava doente — quase sempre o consultório médico era a antessala das câmaras de gás. Em Stutthof, o aparato de extermínio humano não era mostrado de forma tão ostensiva quanto em Auschwitz, mas, com certeza, existia e sabíamos disso. Ao toque de chamada, nós a fizemos ficar em pé como se fosse um boneco, com uma de nós a sustentando pela frente e outra por trás, de forma que não caísse, e, enquanto isso, procurávamos cuidar dela e consolá-la o mais possível. Todavia, sabe-se lá como, mesmo sem remédios e até sem cama, ela acabou se recuperando depois.

Em Bikernau, no Campo de Unidades Familiares, Mitzi e eu havíamos trabalhado na lavanderia. Tínhamos atravessado juntas as terríveis semanas no campo de prisioneiras e também chegamos juntas a Stutthof. No decorrer dessas semanas, nós nos tornamos amigas. Ter amizade nos campos implicava compartilhar tudo, em todos os sentidos. O espaço exíguo, a migalha de comida, os momentos de perigo extremo e as risadas ocasionais. Aos poucos, passamos a entender que esse tipo de amizade era baseado, em primeiro lugar, na necessidade do momento e, em segundo lugar, em afeição. Ter uma amiga significava poder contar com olhos extras para ver a aproximação de perigo, uma voz de aviso e mãos para apoiá-la quando você precisasse. Quando uma amizade resultava desse tipo de relacionamento simbiótico, se tornava um instrumento precioso na luta contra nossa desesperadora sensação de solidão e abandono.

Tínhamos pela frente outra seleção e, de novo, entramos em fila. Quando nos disseram que só iriam examinar nossas pernas, dei uma sonora gargalhada, de tão aliviada que fiquei, e fui recompensada com um tapa no rosto, desferido por uma integrante da SS. Não gostavam de que sentíssemos alegria. As mulheres aprovadas foram levadas, marchando, para embarcar num trem e despachadas para Kochstädt, o lugar que chamavam de nosso local de trabalho, um campo-satélite de Stutthof.

Como chegamos lá em meio a um toque de chamada, mandaram que entrássemos imediatamente em formação, em colunas de cinco. De repente, ouvimos um forte sibilo e, logo em seguida, os guardas passaram a nos fustigar para que corrêssemos em busca de abrigo numa vala profunda nas proximidades. Foi o que fizemos, num atropelo cheio de tropeços e cambaleios, sem entender o que estava acontecendo; porém, quando os guardas se reuniram em volta da borda da vala, com as armas apontando para nós, achamos que nosso fim tinha chegado, já que também não havia onde se esconder. Tomadas de pânico, permanecemos em pé na vala, espremidas umas contra as outras. Muitas choravam em voz alta, ao passo que outras começaram a orar. Senti minha mente entorpecer-se, resignada que fiquei com o aparentemente inevitável. Todavia, em vez do fogo das armas portáteis, ouvimos aquele silvo forte outra vez e então os guardas começaram a mandar, aos gritos, que saíssemos da vala o mais rapidamente possível. Riram de nós quando nos viram apavoradas — tudo não passara de um treino contra ataques aéreos.

Na manhã seguinte, nossa nova vida, como parte da força de trabalho de Kochstädt, começou pra valer. No primeiro toque de chamada, Emma, a *Oberaufseherin*, a comandante da SS, nos fez saber com quem estávamos lidando. Disse-nos que havia sido, pessoalmente, fundamental no extermínio de crianças judias no gueto de Riga. Acrescentou, ameaçadora, que o chefe da SS era igual a ela e que, com o tempo, conheceríamos os outros. Nesse mesmo dia, nosso grupo deparou também com outro problema: o antagonismo feroz de outras prisioneiras.

Havia trezentas de nós, recém-chegadas, que tinham estado em Terezín e no Campo de Unidades Familiares de Birkenau. Éramos oriundas da Checoslováquia, Alemanha e Áustria, e tínhamos, em comum, um passado e uma aparência semelhantes. A maior parte das integrantes do grupo era de jovens casadas, como eu, embora algumas fossem mais jovens e outras mais velhas. Entre nós havia até mães e filhas juntas. As quinhentas prisioneiras que tinham chegado algumas semanas atrás vinham da Polônia e do Báltico, bem como da Hungria e da Romênia. A maioria tivera uma rigorosa formação religiosa, que lhes dava um forte senso de identidade, mas que, infelizmente, se manifestava também na forma de hostilidade contra nós e de rejeição por nosso grupo. Todas sabiam falar os idiomas de suas terras natais, mas prefeririam conversar entre si em iídiche,* língua que eu e o restante de meu grupo não compreendíamos. Guardavam profundo ressentimento de nossa falta de ardor religioso. Por nossa vez, nós as achávamos mal-educadas e até grosseiras.

Em ambos os lados, havia exceções, logicamente, e poderíamos ter superado essas barreiras com o tempo se não houvéssemos cavado, entre nós, um abismo intransponível por causa dos cabelos: ainda os tínhamos, ao passo que elas, não. Nossas longas e desgrenhadas madeixas contrastavam cruelmente com suas cabeças raspadas. Para elas, não importava o fato de que nossos

---
*Língua germânica falada por judeus, especialmente na Europa Central e Oriental; judeu-alemão. [Trata-se, basicamente, de introdução, no alemão, de vocabulário hebraico e, em muito menor grau, eslavo. Usam-se, na escrita, caracteres hebraicos.] Fonte: *Dicionário Eletrônico Aurélio Século XXI*. (N. T.)

cabelos estavam desleixados e sujos, sem beleza ou adornos, caindo sobre rostos macilentos. Irritava-lhes a suposição de que tínhamos uma vantagem sobre elas e nos odiavam por isso. Elas nos chamavam, simplesmente, de "cabeludas" — *die Haarigen* — e demorou muito, muito mesmo, para que começassem a nos chamar pelo nome.

Quando nos mostraram nossos alojamentos, minhas amigas e eu concluímos que nos haviam reservado os beliches da parte superior de uma estrutura, em forma de arquibancada, com três plataformas. Isso nos dava um pouco mais de ar, mas, tal como logo descobriríamos, tinha grandes desvantagens também. Nosso dia começava quando, às cinco horas, um alarme de uma estridência dilacerante nos despertava. Junto com ele vinham os gritos e as injúrias da *Blockaelteste*: "Levantem-se, levantem-se! Rápido, rápido! Vocês têm cinco minutos, suas malditas!..." A essa hora, com tudo escuro ainda, tínhamos de achar nossos tamancos e nossas roupas, estender impecavelmente o cobertor sobre o colchão de palha e usar a latrina, da qual trinta mulheres podiam se servir por vez — só que havia oitocentas de nós. Aí estava, pois, o nosso problema: nossos calçados ficavam no piso, junto com os das outras prisioneiras. Quando descíamos para pegá-los, tropeçávamos nas colegas das duas plataformas inferiores, que também ficavam tentando achar suas coisas com a mesma pressa desesperada que nós. Era uma experiência irritante, que tínhamos de enfrentar todas as manhãs, principalmente se alguém houvesse tirado seus calçados do lugar e você não conseguisse achá-los.

Geralmente, com isso nos sobrava muito pouco tempo para entrarmos na fila da latrina e, às vezes, acabávamos desistindo, embora ainda esperançosas de conseguirmos usá-la depois. Quando, finalmente, conseguíamos entrar em formação para a chamada, nos sentíamos como se estivéssemos com fadiga de combate, e, obviamente, tínhamos levado mais de cinco minutos para chegar ao pátio. Chegar atrasada para a chamada era uma infração passível de fazer a prisioneira levar uma surra à noite. Na maioria das vezes, chegávamos todas alguns segundos atrasadas e, via de regra, algumas eram escolhidas aleatoriamente para serem punidas em lugar das demais. As infelizes escolhidas tinham o dia inteiro para pensar no que as estava esperando. Ficávamos aguardando, em pé e ainda envoltas na penumbra matinal, os guardas inspecionarem os alojamentos. Estavam limpos? As camas e os cobertores tinham sido bem arrumados? Não havia "preciosidades" escondidas nos colchões? De um jeito ou de outro, sempre conseguiam achar uma infratora, para puni-la depois com as outras.

De vez em quando, a chamada durava quinze minutos; doutras, uma hora ou mais. Depois disso, finalmente, vinha o desjejum. Água quente e escura mascarada de café e, com ela, se tivéssemos algum sobrando, um pouco de pão da noite anterior. Todo dia éramos atormentadas pela mesma dúvida: seria mais sábio comer nossa porção inteira de pão à noitinha, quando a fome era pior, ou seria melhor guardar um pouco para o dia seguinte, mas correr o risco de alguém roubá-la de nós durante a noite?

Depois do café, que durava apenas alguns minutos, voltávamos a nos reunir, dessa vez em nossos Kommandos, ou turmas de trabalhadoras. Sempre uma ocasião de grande ansiedade, pois era então que ficávamos sabendo quais os guardas que nos acompanhariam por um dia inteiro de trabalho. Não demoramos muito a aprender a diferença entre dias bons, ruins e aqueles em que nossa própria vida estava em risco.

Os dias bons eram aqueles em que nosso guarda nos deixava mais ou menos em paz, desde que realizássemos nossa tarefa essencial do dia. Com esse tipo nos vigiando, tínhamos permissão de conversar e, às vezes, podíamos até parar e nos apoiarmos em nossas pás para descansar um pouco. Havia ocasiões em que o próprio guarda papeava com o capataz, fumava um cigarro ou até dava uma olhada no jornal e fingia não ver quando uma de nós ia correndo até a lavoura mais próxima para pegar um nabo.

Já outro guarda qualquer podia ser fanaticamente exigente. Nesse caso, a ambição dele era obter os melhores resultados possíveis de nós e, assim, não permitia que tivéssemos um minuto de folga sequer. No fim do dia, voltávamos para o campo nos arrastando de cansaço.

E havia também os sádicos dedicados, que não tinham interesse pelo trabalho em si e que só se importavam com os tormentos que pudessem nos infligir. Uma de suas malícias favoritas era se aproximar de nós por trás, de mansinho, e memorizar nossos números para que fôssemos punidas por uma "infração" inventada por eles. Quando uma prisioneira era delatada, seu número era anotado para que levasse uma surra ou fizesse a viagem de volta para Stutthof, onde as câmaras de gás estavam esperando por ela.

Nosso trabalho era aplanar uma área acidentada e arenosa, como preparativo para a operação de uma betoneira — A Máquina —, que a cobria de concreto. A Máquina teve um papel sinistro em nossas vidas. Às vezes, nós a víamos trabalhando a distância; doutras, avultava, enorme e ameaçadora, logo atrás de nós, nos forçando a trabalhar mais árdua e rapidamente, enquanto nos encobria com sua sombra. Se A Máquina tivesse de esperar, o capataz e o guarda ficavam nervosos e isso prenunciava perigo.

Após o turno da manhã, voltávamos marchando para o campo, a fim de almoçarmos. Éramos obrigadas a cantar durante a caminhada e conseguimos aprender algumas marchas militares húngaras melodiosas e estimulantes, embora suas letras estivessem num idioma que não entendíamos. A refeição do almoço era uma sopa, e nossa sorte para conseguir uma porção substanciosa dependia tanto da posição da concha no barril quanto da boa vontade dos trabalhadores da cozinha. Porquanto, se, por acaso, ela ficasse quase deitada sobre a superfície [da sopa], a pessoa conseguiria apenas uma tigela de água morna impregnada do débil cheiro do que poderia ter recebido [como alimento de fato]. Mas, se a concha fosse enfiada verticalmente no barril, sairia de lá com nabo, um pouco de cevada e talvez até com a estranha batata de sempre. Em todo caso, com sustância ou não, nós a ingeríamos com voracidade e, mesmo sem tempo suficiente para tomar toda a nossa porção individual, recebíamos ordens para sair, entrar em formação de novo e voltar ao trabalho.

À tarde, tínhamos de nos esforçar para aguentar o rojão. Depois de uma ou duas horas, nossas costas começavam a doer e nossos braços e pernas ficavam pesados por causa do cansaço. Os ventos do outono eram mais cortantes e uma neblina garoenta vinha do mar, encobrindo o sol fraco. O inverno chegaria em breve. Mesmo com frio e exaustas, nos levavam marchando para outra chamada. As surras vinham logo em seguida, na frente de todas as prisioneiras do campo, e humilhavam tanto as que tinham de ficar assistindo quanto as que eram surradas.

A boa expectativa em relação ao jantar era prejudicada pelas preocupações com o tamanho do pão que nos dariam. Esse pão, com um pouco de margarina e uma pequena colherada de geleia de beterraba, era o único alimento sólido que comíamos, mas tinha um papel de vital importância para nós. Ficávamos pensando nele durante horas. Não raramente, deparávamos uma colega chorando muito porque lhe tinham dado um pedaço menor do que o da prisioneira ao lado.

Logo após o jantar, uma hora antes de irmos dormir, passávamos em fila pelo banheiro coletivo, tremendo de frio, discutindo, roubando umas das outras um pouco do precioso filete da água que escorria no local. E depois, finalmente, chegava a hora de dormir, compartilhar o cobertor e trocar umas palavras em tom de cochicho com uma amiga. Imersa na escuridão, eu ouvia centenas de vozes abafadas, algumas de choro, outras de prece, outras mais de maldição; ainda assim, nesse mar de vozes murmurantes, eu me sentia completamente só.

Mitzi e eu dividíamos o mesmo cobertor à noite, e também todos os minutos de nossas vidas de trabalhadoras escravas durante o dia. A essa altura, havíamos nos tornado grandes amigas e se estabelecera um vínculo psicológico entre nós que ia além de mera camaradagem na adversidade.

No início, cinco prisioneiras ocupavam o mesmo beliche: Mitzi, Edith, Huschi, Annie e eu, mas, quando, em janeiro de 1945, os alemães atravessaram marchando os portões do campo, levando colegas nossas, somente Mitzi e eu continuamos vivas. Depois de uma surra brutal, por haver usado meia-calça sem permissão, Edith resolvera entregar os pontos e se apresentou como voluntária para seguir na leva do caminhão que partiria rumo a Stutthof. Essa sua decisão foi o mesmo que cometer suicídio. Em outras ocasiões, Huschi e Annie, vencidas pela exaustão e pela fraqueza, seguiram o mesmo destino. Depois da guerra, conheci o marido de Edith, porém não tive coragem para contar-lhe a verdade e disse que ela havia sido escolhida por motivo de doença.

Às vezes, a insuportável monotonia de nossas vidas era quebrada por incidentes que, por seu caráter absurdo, poderiam ter sido levados na conta de piadas, não tivessem acabado sempre em consequências terríveis e dolorosas para alguém. Como, por exemplo, conseguiríamos nos manter sempre limpas se a quantidade de sabão e água disponível era insuficiente? No banheiro coletivo havia trinta torneiras e bacias, e as mais fracas e tímidas nunca venciam as constantes batalhas para ter o direito de usá-las. Assim, nas inspeções de asseio pessoal, elas eram punidas por se apresentarem com o pescoço sujo. Era muito arriscado lavar nossas precárias roupas íntimas, pois não tínhamos permissão para secá-las em lugar nenhum e, com isso, éramos obrigadas a esconder nossos úmidos andrajos íntimos no colchão. Coitadas das prisioneiras se soubessem que andavam fazendo isso.

Com a chegada do frio, recebíamos o que chamavam de agasalhos, feitos de um tipo de material sintético qualquer. Tive sorte de conseguir um suéter de mangas compridas e que aquecia razoavelmente bem. Uma das colegas do grupo, um pouco mais velha que as demais, chorou muito, pois tudo que conseguira foi uma blusa de tricô de mangas curtas. Num gesto imprudente e generoso, troquei com ela meu suéter pela blusa, esquecendo, por um momento, que, naquele mundo às avessas, um ato de decência e generosidade era punido em vez de recompensado, tal como eu constataria quando chegaram os primeiros dias de frio congelante.

As autoridades do campo deram também, a cada uma de nós, uma meia-calça cinza. Não demorou muito para que aparecessem os primeiros buracos nelas. Como isso era uma infração que acarretava severa punição, tínhamos de dar um jeito de costurá-las. Mas como, já que era proibido possuir linha e agulha? Em meio ao grupo, porém, havia em circulação umas poucas agulhas clandestinas, que podiam ser alugadas por meia hora em troca de um pedaço de linha. Esses pedaços de linha nós tirávamos do cobertor, operação perigosa e que requeria habilidade e coragem, pois, se a prisioneira fosse pega fazendo isso, seria acusada de ter cometido sabotagem, crime passível da mais severa das punições.

Foi mais ou menos nessa época que resolvi fazer tudo ao meu alcance para me manter limpa e, para isso, elaborei um método difícil e cansativo. Adiava ao máximo o momento de ter de me recolher para dormir, e então roubava uma tigela com um pouco de água fria e a levava rapidamente para o alojamento. Lá, lavava-me da melhor maneira possível, ignorando as risadinhas zombeteiras das que achavam minha atitude excêntrica ou, simplesmente, uma loucura. Repetia esse ritual todas as noites, movida pela esperança de que esse gesto, mais simbólico do que eficaz, preservaria em mim uns fiapos de dignidade.

Em dada ocasião, quando se aproximava o dia do Yom Kippur, começou a circular pelo campo a informação de que, para comemorar o mais sagrado dos feriados do calendário judaico, o campo inteiro faria um desafio extraordinário: permaneceríamos em jejum durante as vinte e quatro horas prescritas pela tradição. Ninguém sabia de onde essa ideia partira, mas, por mais espantoso que pareça, todas, sem exceção, concordaram com ela e se comprometeram a participar. A *Oberaufseherin* foi informada de nossa resolução e, obviamente, ficou furiosa com tão inusitado desafio. E reagiu com uma ameaça: declarou que, se jejuássemos, além de termos de trabalhar normalmente depois, não receberíamos nenhum alimento após o jejum e, assim, ficaríamos sem nada para comer ou beber durante trinta e seis horas. Informou também que os guardas receberiam ordens severas para que se mantivessem bem atentos, de modo que não lhes escapasse das vistas nenhuma das prisioneiras que esmorecessem nesse dia de trabalho.

Na véspera do feriado, todas comeram sua porção de pão, mas não ingeriram nada na manhã do dia seguinte. Esse ato de solidariedade, novo e inesperado, nos fez sentir fortes e despreocupadas; durante as horas de trabalho, sorríamos quando nossos olhares se cruzavam. Na hora do almoço, os barris de sopa ficaram nos esperando em vão, assim como Emma, que estava pronta para rir, zombeteira, caso a fome de sopa enfraquecesse nossa determinação. Passamos marchando pelo portão sem ao menos olhar de relance para a cozinha e demandamos nossos alojamentos para descansar um pouco. Já na parte da tarde foi mais difícil vencer nossas dificuldades, porém, embora estivéssemos fisicamente mais fracas, decidimos manter nossa coragem e determinação. À noite, durante a chamada, aconteceu algo surpreendente, incrível mesmo: ouvimos anunciarem, pelo sistema de alto-falantes, que a *Oberaufseherin* havia ordenado que nos dessem nossa ração noturna de pão, a sopa que havíamos recusado no almoço e, além disso — pela primeira e última vez —, um pudim após a refeição. Tínhamos vencido uma batalha de firmeza de propósitos, mas esse não foi o motivo da comemoração do dia e, sim, a derrubada da barreira que havia entre nós. Em seu lugar, erguemos uma ponte, que nos uniu em laços de solidariedade. Desse dia em diante, ter ou não cabelos não importava mais.

Achávamos que, enquanto os pálidos raios de sol incidissem sobre nós, conseguiríamos sobreviver. Essa crença ingênua, combinada com os fragmentos de notícias, ouvidas por acaso, sobre a situação na linha de frente, nos ajudou a manter animados o corpo e o espírito em nossa corrida contra o tempo. Todavia, quando o clima mudou, trazendo ventos uivantes e transformando a chuva em neve, nossos corpos, gelados de frio e acossados pela fome, silenciaram até os espíritos mais corajosos e obscureceram as mentes mais lúcidas. Primeiro, fomos vencidas pela tristeza; depois, pelo medo; e, por fim, caímos em muda apatia. Já não havia em nós nenhuma reminiscência, nem visões de um futuro melhor, nem de futuro algum, por sinal. Todas as nossas esperanças se resumiam à possibilidade de conseguir atravessar mais um dia de amargura.

Num desses dias, uma mulher, muito jovem, teve uma crise nervosa e, apoiada sobre a própria pá, chorou desconsoladamente. Um oficial do Exército alemão, que passava de bicicleta naquele momento, parou e perguntou por que ela estava chorando tanto. Quando ela se explicou, ele respondeu, e percebemos, observando-os de esguelha, que iniciaram uma conversa. Resolvemos nos aproximar, com muita cautela, enquanto o guarda da SS, que nos vigiava a distância, encarava com raiva o desenrolar da cena. Ouvimos a jovem contar ao oficial que tinha perdido a família inteira, que estava sozinha no mundo e que, em breve, morreria ali também, muito longe de casa, que ficava na Romênia.

As palavras que o oficial disse a ela em seguida nos fizeram olhar para ele com espanto. Ele falou sobre uma tal de roda da vida que girava eternamente; que nós, todos nós, fazíamos parte dela e nos movíamos com ela, de sorte que as pessoas que, um dia, estavam embaixo, noutro passariam para cima, enquanto as que estavam em cima desceriam, por força da mesma lei da roda, mais, e mais, e mais. Explicou que, se ela conseguisse entender isso, jamais entraria em desespero, pois estava claro que, em breve, seria a vez dela de subir.

Foi um milagre ver um oficial alemão conversar conosco daquele jeito, fato que deixou uma profunda impressão em nossas almas. De certo modo, foi mais fácil suportar o restante das horas desse dia.

Ele apareceu em outros lugares, com outros *Kommandos*, surgindo subitamente em sua bicicleta, como num passe de mágica. Ele sempre parava, ignorava o guarda da SS e conversava durante algum tempo com as prisioneiras usando palavras simples, destinadas a lhes dar coragem e aumentar suas esperanças. Depois, meneando positiva e amigavelmente a cabeça, montava na bicicleta e voltava a desaparecer no horizonte. À noite, conversávamos sobre ele, balançando a cabeça, surpresas e maravilhadas.

Na próxima vez que nossa turma voltou a vê-lo, ele já era uma figura conhecida, ansiosamente aguardada por todas. Nessa ocasião, uma prisioneira falou da imensa distância que a separava — a todas nós, na verdade — do lar. Ele pareceu triste por um momento. Disse que compreendia nossa situação e relanceou os olhos pela terra desolada à nossa volta. Revelou que ele mesmo sentia muita falta das montanhas azuis de seu lar distante, o qual tinha deixado havia muito tempo. Acreditava que, algum dia, voltaria para lá e que deveríamos fazer o mesmo; advertiu que ter fé era muito importante.

Alguns dias depois, à noite, uma colega prisioneira, cuja terra natal ficava perto da minha, veio me procurar, muita emocionada: contou que tivera a coragem de perguntar ao oficial onde ficava seu antigo lar, a respeito do qual ele falara de modo tão comovente e com muita saudade.

— Numa pequena cidade na Boêmia, no sopé das montanhas — respondeu ele. — Não é muito conhecida. Seu nome é Trautenau.

Ela disse a ele que havia uma prisioneira no campo que tinha morado nesse lugar também.

— Por favor — rogou o homem —, diga a ela que venha falar comigo da próxima vez que me vir. Estou muito ansioso para conhecê-la — completou, num tom de voz repassado de urgência.

Essa foi a última vez que o vimos. Ele desapareceu tão misteriosamente quanto surgira, mas sempre me lembrarei daquela voz humanitária e consoladora que veio nos ajudar, apesar de tantos lugares possíveis, justamente de Trautenau — Trutnov.

No fim do outono de 1944, duas integrantes da SS chegaram ao campo. Uma delas era loura, bonita e cruel. A outra, Traute, era baixa, frágil e de cabelos e olhos escuros, com uma expressão de tristeza no olhar que não diferia nem um pouco da nossa. Era também recatada e distante, e logo descobrimos que não representava perigo para nós. Ao vê-la, trabalhando como nossa vigilante, tremendo de frio e solitária, perguntávamos a nós mesmas como e por que essa patética criaturinha fora parar numa posição aparentemente tão incompatível com ela.

Num dia de frio extremo, comecei a me sentir muito mal e incapaz de prosseguir com o meu trabalho.

Devo ter ficado desmaiada durante alguns minutos, pois, quando abri os olhos, vi Traute debruçada sobre mim, parecendo aflita e perguntando qual era o problema. Expliquei-lhe, da melhor maneira possível, que eu e muitas outras havíamos adoecido por excesso de trabalho e fome. Ela meneou positivamente a cabeça, indicando que compreendia. Fez sinal para que eu a seguisse até uma vala que havia por perto e pediu que minhas colegas fizessem uma pequena fogueira para me aquecer. Na vala, ela e eu nos agachamos ao lado uma da outra e nos entreolhamos. Foi uma estranha sensação ficar tão perto do inimigo sem sentir ódio, medo ou repugnância.

Após longo silêncio, ela começou, embora timidamente, a fazer-me perguntas. Perguntou qual era meu nome, de onde vinha, quem era minha família, que tipo de trabalho fizera em meu país e como havia me tornado prisioneira do campo. No início, pareceu me ouvir apenas por interesse ou curiosidade, mas, depois, quando soube mais detalhes de minha história, passou a me ouvir com um pavor crescente, até que, por fim, desatou a chorar.

Foi uma situação absurda, que beirava o ridículo, pois comecei a sentir pena da aflita jovenzinha da SS. Principalmente para fazê-la parar de chorar, pedi, cautelosamente, que falasse sobre si mesma. Ela começou a contar sua história, em tom de desabafo, revelando aquilo de que eu suspeitava — ela era vítima também.

Contou-me que morara em Gdańsk, que seu noivo estava na frente de combate oriental e que fazia muito tempo que não recebia notícias dele. Disse que se amavam muito e que teve um filho com ele, que agora estava sob os cuidados da sua mãe. Acrescentou que, um dia, recebeu uma ordem de se apresentar para servir na guerra e que teve de se separar da criança. Como boa datilógrafa que era, esperava que lhe dessem um trabalho na área administrativa. Em vez disso, foi levada para um centro de treinamento administrado pela SS, onde seria preparada e doutrinada para trabalhar como guarda num campo de concentração.

Explicou que ainda procurava entender o que estava acontecendo com ela, quando foi enviada para o nosso campo. Desde o início, deve ter ficado patente para todos que ela não servia para realizar esse tipo de tarefa, e isso tornava precária a sua posição entre os "colegas". Ela morria de medo de Emma, que a aterrorizava, e dos homens, que viviam dando cantadas grosseiras nela e a ameaçavam quando não reagia favoravelmente. Revelou que ficava muito aflita com nossa impotência e a brutalidade deles para conosco e que ela mesma se achava presa a uma rede maligna da qual não queria fazer parte.

Nisso, voltei a sentir cólicas estomacais e ela ficou muito preocupada quando lhe disse que achava que estava doente, afetada por algum tipo de disenteria. Ela me aconselhou, conquanto talvez ingenuamente, a procurar o médico do campo imediatamente. Quando lhe expliquei que era mais perigoso procurar o médico do que sofrer com disenteria, no início ela se mostrou incrédula, depois ficou horrorizada. Percebi que ela ainda não conhecia toda a realidade que havia por trás da fachada do "esforço de guerra" do campo e passei a esclarecê-la. Logo depois me encarou com seus olhos castanhos tão arregalados que achei que estava sendo cruel com ela.

Nas primeiras horas da noite seguinte, fomos acordadas com o nefasto *"Achtung!"** da *Blockaelteste*. Quando nos sentamos em nossos beliches, vimos Traute na entrada do alojamento. Ela falou com a *Blockaelteste* e depois caminhou na minha direção, gesticulando para que me abaixasse. Assim que fiz isso, ela pôs, sorrateiramente, um pequeno frasco em minha mão e disse baixinho: "É para combater a disenteria. Eu disse ao médico que era para mim." Durante um ou dois segundos, nossos olhares se cruzaram e ela sorriu. Depois disso, foi embora.

---
* "Atenção!" (N. T.)

O remédio me ajudou a melhorar e, graças a Traute, eu ficaria bem durante algum tempo.

Meses depois, após a evacuação do campo, quando seguíamos em marcha sem rumo, cheguei a vê-la de relance, seguindo viagem numa carroça puxada a cavalo, acompanhada por outras integrantes da SS. Ela me viu também e sorrimos tristemente uma para a outra. Não sei o que aconteceu com ela depois, mas vivia pensando nela, me lembrando de seu ardente desejo de poder se livrar do uniforme da SS antes que os russos chegassem.

Certa manhã, soubemos que um novo guarda da SS havia chegado à noite. De todas as formas costumeiras e possíveis, tentamos avaliar o grau de perigo dessa nova ameaça observando, com o máximo de atenção e proximidade, a aparência dele, a expressão de seu olhar, seu jeito de andar, seu tom de voz usual. Não conseguimos saber nada com essas observações, exceto que parecia mais velho do que seus colegas e que falava alemão sem sotaque. Achamos, porém, que ter esse novo guarda alemão conosco era melhor do que se ele fosse de origem austríaca, báltica ou ucraniana.

Logo depois, ele levou nosso *Kommando* para trabalhar pela primeira vez. Ficávamos sempre receosas e tensas na presença de um novo guarda e, por isso, tomei um tremendo susto quando, no meio da manhã, ele apontou subitamente o dedo para mim e gritou:

— Você aí! Pegue!

Quando me abaixei, senti muito medo. Afinal, que novo tipo de artifício maligno era esse? Por que eu? A coisa que peguei do chão era um pequeno embrulho.

— Abra-o e coma-os imediatamente! — ordenou o guarda.

Obedeci e fiquei olhando para dois grossos sanduíches, muito bem-recheados, algo que não via fazia anos.

— Agora! — repetiu o guarda, e depois se retirou, mas reapareceu a certa distância, onde tratou de acender o cachimbo.

Que esperava que eu fizesse? Hesitei por um momento e depois devorei os sanduíches com rapidez e prazer idênticos, consciente das olhadelas furtivas das prisioneiras próximas. Nenhuma delas disse nada, pois ninguém entendeu o que havia acontecido ou qual era o objetivo daquilo.

Pouco tempo depois, soubemos que algo extraordinário e muito raro estava acontecendo: todas as noites, esse membro da SS guardava parte de sua refeição noturna para dá-la, no dia seguinte, a alguma das prisioneiras extremamente macilentas e famintas. Tomava o cuidado de fazer com que, no dia seguinte, a beneficiada fosse sempre alguém diferente da favorecida no dia anterior e sempre dava a comida atirando-a na direção da escolhida, como se quisesse dizer: "Não fui eu; foi outra pessoa que deu isso a ela." Não gostava de que agradecessem; bastava-lhe ver a gratidão nos olhos da pessoa.

Com o passar do tempo e após ter certeza de que suas doações diárias eram mantidas sob segredo muito bem-guardado, ele foi aos poucos abandonando a máscara de impassibilidade e passou a travar pequenas conversas conosco — sempre que fosse seguro fazer isso, logicamente. Aquelas de nós que falavam alemão souberam, por intermédio dele, que havia sido professor antes da guerra, que sua família era tudo para ele, que se sentia solitário e muito infeliz por ter de fazer o que estava fazendo então. Em certa ocasião, ele nos mostrou uma fotografia do casamento de sua filha. Não foi a imagem da noiva que nos fascinou, mas o sorridente pai da moça — em trajes civis.

Naturalmente, passamos a alimentar a esperança de que o professor fosse sempre nosso guarda do dia, e não apenas por causa dos sanduíches.

13

Era um dos dias mais frios do ano. O acúmulo da neve de novembro chegava aos joelhos, e um vento gelado soprava incessantemente sobre a planície desprovida de anteparos naturais. Estava muito fraca, morrendo de frio e de fome, fisicamente exausta e a ponto de entrar em total desespero. As ninharias de roupas que nos tinham dado não bastavam para nos proteger do inverno rigoroso. Nossos tamancos estavam sempre úmidos e nos faziam escorregar quando usados em chão coberto de gelo. Mesmo escorregar e cair por outro motivo que não fraqueza ou doença chamava a atenção do guarda e tinha de ser evitado a todo custo. Até porque, mostrar-se fraca demais para realizar a carga de trabalho necessária resultava numa viagem de caminhão para Stutthof ou para as câmaras de gás. O caminhão chegava vazio, em manhãs de domingo alternadas, e partia duas horas depois com sua leva de "passageiros". Voltava à noite com o mesmo número de prisioneiras, de forma que a força de trabalho do campo continuasse inalterável.

Além das mãos muito geladas, minha pá parecia insuportavelmente pesada. Tinha plena consciência de que estava apenas fingindo que trabalhava, de modo que conseguisse preservar minhas últimas sobras de força. De repente, ouvi uma voz atrás de mim. Ele havia se aproximado de mansinho através da neve intensa e deve ter ficado observando meus patéticos esforços com a pá durante um bom tempo. Ouvi sua voz de novo, modulada num tom revelador de fria e indiferente objetividade:

— *Du bist auch schon reif für Stutthof* — ou seja, "você é mais uma que está pronta para Stutthof", e acrescentou:
— Venho observando-a faz algum tempo.

Não me surpreendi nem fiquei muito abalada. Eu não tinha mesmo como continuar a nutrir a esperança de me manter viva quando tantas outras haviam partido muito antes de mim. Ainda assim, completei minha jornada de trabalho e, estuporada e infeliz, participei de outra chamada, que, como sempre, durou uma eternidade.

Uma jovem húngara, parada ao meu lado, animada e simpática, ficou praguejando durante o longo tempo que nos mantiveram lá, aguardando a contagem. "Vamos ter menos tempo para ensaiar", cochichou ela. Essa palavra, que outrora fizera parte de meu vocabulário diário, me assustou. Perguntei-lhe, surpresa e incrédula, se eu tinha ouvido direito. Ela me explicou que, por um esquisito capricho da *Oberaufseherin*, estavam realizando um ensaio para a reapresentação de um tema natalino, com encenações dramáticas, música, canto e dança, à qual o campo inteiro assistiria.

Não conseguia acreditar: eu ali, naquele lugar, mal conseguindo me manter de pé, e eles ensaiando; não sabia se ria ou se chorava, mas, nesse exato momento, o membro da SS apareceu e iniciou a contagem.

Continuei viva no dia seguinte e no outro também, tentando, desesperadamente, evitar chamar a atenção do guarda, embora sabendo que isso era inútil, pois ele já tinha anotado o número costurado em meu casaco. Estávamos no meio da semana. Será que talvez eu tivesse ainda uns três ou quatro dias? Na noite seguinte, ordenaram que nos enfiássemos debaixo dos beliches, como forma de nos protegermos de um dos raros ataques aéreos, lançado em algum lugar nas proximidades. Por acaso, fiquei ao lado da jovem húngara e, de novo, ela se queixou de que isso afetaria a duração do ensaio.

— Como está indo? — perguntei sem real interesse, mas apenas porque ela era muito simpática.

— Muito bem! — respondeu ela. — Estamos tendo problema apenas com a questão da dança. Não conseguimos organizar a valsa — explicou e começou a entoá-la baixinho.

— *Coppélia* — completei, sem dizer mais nada.

— Você conhece *Coppélia*? — perguntou ela, surpresa. — Então você conhece a arte da dança?

— Conhecia em outra vida — respondi. — Eu lhe desejo sorte.

Nisso, soou o aviso de que o perigo havia passado. Ela foi para o ensaio e me enfiei debaixo do cobertor, dividido com Mitzi.

Vinte e quatro horas depois, agora um dia ainda mais perto de domingo, fomos acordadas de novo, no fim da noite, pelo odioso *Achtung!*, as luzes se acenderam e vimos a *Blockaelteste* parada na entrada do alojamento. Sentamo-nos e ficamos em "posição de sentido". Ela olhou para nós e veio direto em minha direção. "Levante-se, vista-se e apresente-se para o ensaio no Alojamento 2 em três minutos. Isso é uma ordem", demandou ela, e se retirou. Resmunguei, me levantei, me vesti e fui para o alojamento usado como local de ensaio num estado deplorável, pois ser privada ainda que de uma única hora de sono significava outro passo na direção de um estado de exaustão total e colapso. Vi que o caminhão chegava.

O Alojamento 2 era bem-iluminado e quentinho. Em seu salão enorme deparei pessoas cantando, encenando e até rindo. Enquanto as observava, senti que predominavam no ambiente uma desorientação e uma falta de realismo total. Passado algum tempo, avistei um grupo de jovens que pareciam ser as dançarinas. Fui até lá e me sentei para observá-las. Elas me ignoraram e prosseguiram com sua patética batalha para desenvolver os movimentos da valsa. De repente, senti uma onda de amargura e raiva se abater sobre mim. Afinal, haviam me privado do único conforto que eu tinha, o sono, e agora nem sequer se davam conta de que eu estava ali.

Exasperada, me levantei bruscamente e gritei:

— Isso é inútil! Vocês não têm a mínima ideia de como executá-la.

Enraivecidas, elas se viraram para mim e propuseram:

— Se sabe fazer melhor, mostre para nós!

E foi o que fiz. Elas ficaram pasmas. Começaram a prestar atenção, se interessaram e, com o tempo, se entusiasmaram.

Uma hora depois, a valsa *Coppélia* tomou corpo e certa organização. Isto, em si, considerando as circunstâncias, foi algo notável, mas, dentro de mim, havia acontecido um milagre. A ocasião e o lugar simplesmente se apagaram de minha memória e até eu mesma me esquecera de mim. Nem percebera que o salão quedara em silêncio, que os outros ensaios tinham sido interrompidos e que todos haviam se reunido em volta de mim para me ver dançar. Isso me deixou muito contente, pois, onde antes imperava o caos, havia dança agora. As jovens ficaram radiantes. Seguiram-se uma salva de aplausos e gritos de entusiasmo, que se transformaram num refrão: "Dance para nós; por favor, dance para nós!"

Continuei em transe. Tirei os tamancos, o excelente tocador de acordeão tocou um tango e comecei a dançar. Onde foram parar a fome, o medo, a exaustão? Como eu podia dançar com os pés ulcerados pela neve? Não me importei nem procurei entender; tratei de dançar e isso bastou para mim. Quando terminei, eles me abraçaram e beijaram, me chamando de sua "estrela", e me carregaram nos ombros. Alguns me deram pão com um pouco de margarina e até com geleia. Quando, finalmente, voltei para o alojamento, acordei Mitzi, dividi o pão com ela e fui dormir contente.

A partir dali, passei a ir aos ensaios quase todas as noites. A valsa havia melhorado visivelmente, e eu dançava para as garotas. Elas adoravam e me recompensavam com uma fatia de pão ou uma batata sempre que possível.

Nem percebi que o caminhão não tinha vindo naquele domingo. Eu tinha mais uma semana.

Após mais alguns dias de trabalho na neve, com ensaios encurtando minhas noites de sono, comecei a me sentir doente outra vez. Fiquei tonta de tão cansada e meus pés incharam. E foi justamente nessa ocasião que Emma decidira assistir ao ensaio, no qual eu teria de dançar na frente dela. De repente, levei um baque, ao me imbuir plenamente da realidade. Dançar para minhas colegas prisioneiras e me engolfar nesse torvelinho de felicidade passageira era uma coisa. Agora, dançar na frente da integrante da SS era algo bem diferente e isso me deixou conturbada. Tentei fazer com que minhas colegas entendessem o problema, mas elas me disseram que a Oberaufseherin já sabia a respeito da "dançarina". Ponderaram que era impensável que eu recusasse o papel e que, se fizesse isso, levaria nós todas para o buraco.

Fui para o ensaio daquela noite dominada por sentimentos de medo e repulsa. E lá estava ela, formando uma plateia de uma única pessoa, aparentemente interessada no que via, aplaudindo todos os movimentos e, pelo visto, se divertindo. A equipe executou uma prévia do espetáculo inteiro para ela, tal como o tinham ensaiado, e deixaram a exibição da dança solo para o final. Dancei o tango evitando olhar para ela. Não teria conseguido dançar se nossos olhares se cruzassem. Por fim, a dança terminou. Ela não aplaudiu, como tinha feito antes, mas ficou sentada na plateia durante um longo tempo. Depois, levantou-se e saiu sem dizer uma palavra. Não houve vivas nem aclamações nessa noite e fui dormir mais faminta do que nunca. Eu não queria admitir que esse episódio poderia acarretar mais uma consequência desastrosa; seria um final irônico para meu eterno amor pela dança se isso acabasse resultando em minha completa destruição.

No dia seguinte, o frio estava mais insuportável do que nunca. Durante a chamada, em pé no pátio, tentamos não prestar atenção na voz odienta da nazista que nos transmitia ordens aos gritos pelo sistema de alto-falantes. De repente, porém, fui sacudida do torpor gelado em que jazia. Notei que a voz falara meu nome; meu nome e não meu número! Informaram que a *Oberaufseherin* tinha dado ordens para que, dali por diante, a dançarina fosse dispensada de ter de trabalhar a céu aberto com os *Kommandos*. Finalizaram dizendo que ela deveria permanecer no alojamento, dirigir os ensaios para a apresentação de Natal e receber uma porção adicional de sopa todo dia.

O fantasma do caminhão sumiu de minha vida.

14

Os preparativos e os ensaios do espetáculo de Natal da *Oberaufseherin* prosseguiram. Ela passou a demonstrar vivo interesse neles. Permitiu que o elenco inteiro, bem como todos os seus ajudantes, permanecessem acolhidos em ambientes fechados durante a última semana anterior à apresentação, que seria na véspera do Natal. Ficávamos nos perguntando que tipo de perversidade a motivava. Seria apenas um jogo de poder, ou uma forma de arrotar prepotência, tripudiando sobre seus colegas da SS, ou ainda, simplesmente, puro tédio para com seus deveres diários do campo? O certo é que sabíamos quanto éramos sortudas por podermos passar os dias num recinto aquecido, onde podíamos descansar entre os ensaios. Fiquei feliz por haver conseguido um trabalho para Mitzi na equipe, que acabou se mostrando uma encarregada de guarda-volumes e costureira extremamente eficiente.

Guardas de alguns campos vizinhos haviam sido convidados para assistir à apresentação e, para nosso imenso alívio, nossas colegas prisioneiras tiveram permissão de comparecer também. Chegaram a se divertir de fato e, em certos momentos, tivemos a impressão de que estávamos nos apresentando para uma plateia de verdade. Tivemos de fazer outra apresentação na noite seguinte e, depois de cumprida a tarefa, fomos recompensadas com algo surpreendente: gulache,* com carne de verdade e tudo. Mas o cheiro e o gosto maravilhosos perderam a graça quando vi os súplices olhares de fome dos "não artistas", que ficaram nos vendo comer em silêncio. Apesar disso, estávamos eufóricas a essa altura e ficamos mais ainda quando nos deram ordens para que iniciássemos, imediatamente, preparativos de uma nova apresentação para a véspera do Ano-Novo. Só que, dessa vez, deveríamos fazer alguma coisa cômica.

Demos início ao cumprimento da ordem. É interessante frisar que não consigo me lembrar de jeito nenhum

---

*Prato húngaro que consiste num ensopado de carne de boi com cebolas, batatas inglesas e páprica. (N. T.)

da dança e coreografia que apresentei nessa segunda ocasião, embora ainda me lembre com clareza da valsa e do tango que dancei, os quais me salvaram naquela situação de emergência desesperadora em novembro.

Logo depois, os "bons tempos" terminaram e me vi trabalhando do lado de fora outra vez, no meio do gelo e da neve, em luta para sobreviver com minhas pás. A diferença agora era que eu tivera um descanso relativamente longo e me sentia bastante forte para enfrentar momentos difíceis por mais algum tempo. No entanto, dessa vez não fui posta à prova. Depois de cerca de uma semana de trabalho externo, voltávamos a ficar confinadas nos alojamentos, no verdadeiro sentido da expressão. O problema é que alguns campos vizinhos tinham sido esvaziados e suas prisioneiras foram transferidas para o nosso, que agora estava insuportavelmente lotado. Além de as novas prisioneiras haverem reduzido nossos espaços individuais para quase a terça parte do pouco que tínhamos antes, essas mulheres infelizes e amedrontadas levaram a fome e doenças para lá. Nosso campo não tinha equipamento e instalações para abrigar tanta gente. As condições físicas começaram a ficar insuportáveis rapidamente, porém, dessa vez, nos sentimos capazes de aguentar essa situação, pelo menos psicologicamente, pois sabíamos que o Exército Vermelho estava bem perto de nós agora.

Entretanto, duas questões se impunham. Teríamos coragem e força suficientes para aguentar firmes até eles chegarem? E o que os alemães fariam conosco no pouco tempo que lhes restava? Não tivemos muito tempo para pensar nisso. Em 27 de janeiro de 1945, nosso campo foi evacuado e nos fizeram iniciar uma viagem que achávamos que seria uma longa, longa marcha para casa. A expressão "marcha macabra" foi cunhada muito tempo depois.

Saímos marchando do campo em colunas de cinco, deixando para trás as colegas que não conseguiam andar. Sabíamos, por experiência, que tipo de destino lhes estava reservado e, portanto, não ousávamos conversar sobre elas, nem sequer pensar nelas.

Aproximadamente três meses depois, no hospital de Lauemburgo, eu soube o que acontecera com as prisioneiras do campo abandonado que considerávamos condenadas a um destino cruel. Depois que partimos, as doentes e moribundas foram deixadas ao encargo de um novo comandante: o Professor, que acabou se revelando excelente administrador, além de um ser humano atencioso e caridoso, que empregou suas habilidades e suas forças na tarefa de salvar o máximo de vidas possível. Foi bem-sucedido no esforço de estabelecer certa ordem e suportáveis condições de vida no campo, onde antes havia sórdida miséria e caos. Fez a devida distribuição da comida e dos medicamentos que ainda restavam, tentou combater as infecções mais graves e, o mais importante de tudo, incentivou as pessoas aos seus cuidados a manterem o bom ânimo e a esperança de libertação. Esta se materializou em poucos dias, na forma de soldados soviéticos, que chegaram como libertadores, mas também como vingadores, determinados a se livrarem do membro da SS rapidamente. Todavia, aconteceu então algo que, apesar de seu caráter aparentemente absurdo, foi, na verdade, um ato de justiça. As adoentadas prisioneiras se manifestaram em defesa de seu comandante da SS contra a ação justiceira de seus libertadores e os convenceram de que deviam ao alemão suas próprias vidas e que, agora, eram responsáveis pela vida dele. Asseveraram que não iriam permitir que lhe fizessem mal algum. Os russos acabaram cedendo e deixaram que ele partisse, para onde só Deus sabe. Eu pensava nele com frequência, esperançosa de que tivesse conseguido retornar para casa, a fim de que contasse sua história e voltasse a ensinar.

Durante a marcha, Mitzi e eu ficamos juntas. Duas supervisoras de setor se juntaram a nós, além de Vera, que tinha sido expulsa de seu grupo e estava procurando amigas. Vera estava razoavelmente forte, e sua firme determinação para sobreviver parecia um trunfo para nosso pequeno grupo. Nesse primeiro dia, ainda marchamos num estado de espírito razoavelmente bom, pois tinham dado a cada uma de nós uma bisnaga de pão e só de vê-lo nos encheu de alegria e otimismo. Contudo, seria o último pão que veríamos durante as muitas semanas seguintes.

Seguimos escoltadas pelos mais ferozes e mais temidos guardas da SS, que gritavam *"Schneller, schneller!"* como se tivessem prazer em ouvir a própria voz. As integrantes e alguns oficiais da SS iam na frente, numa carroça puxada a cavalo. À noite, fomos levadas para uma igreja abandonada, onde dormimos sobre um piso de pedras. Fazia muito frio e estávamos cansadíssimas, mas tínhamos ainda nossos pães como consolo.

Depois de alguns dias de caminhadas por estradas cobertas de gelo, atravessando povoados hostis, começamos a perceber que, na verdade, não estávamos indo para lugar nenhum; ficávamos, simplesmente, marchando em círculos cada vez menores. Se os guardas fossem seres humanos racionais, teriam fugido e salvado a própria pele. Contudo, em vez disso, ficaram conosco, determinados a se manter obedientes às ordens recebidas até a morte, ordens para nos odiar e atormentar e, por fim, nos matar.

Certa noite, como não havia nenhuma igreja, celeiro nem abrigo vazio em lugar algum, nós nos agachamos ou nos deitamos no leito da estrada e dormimos ali mesmo, esperançosas de não termos de nos levantar novamente.

Lembrei-me das histórias que me contaram na infância sobre pessoas que haviam se perdido nas montanhas e que acabaram se deitando no chão coberto de neve, onde adormeceram para sempre. Mas não tivemos essa sorte — *"Auf, auf, weitermachen!"*,* ouvimos ordenarem aos gritos, sem se importarem com o fato de que estávamos muito, muito cansadas.

Quando o pão acabou, tivemos de contar com a boa vontade dos habitantes dos povoados para conseguir um pouquinho de sopa ou de leite. Alguns nos deram alguma comida; outros não. Cada vez mais cansadas e famintas, perdemos contato com a realidade e nossas mentes começaram a tresvariar. Muitas de nós tiveram alucinações, nas quais viam miragens em meio às tempestades de neve. Eu mesma vi uma cama limpa e aconchegante ao lado de uma janela. Pela janela, via uma árvore florida num jardim. Em uma de minhas imaginárias cabeceiras de cama havia flores e livros, ao passo que, na outra, uma bandeja com comida. Eu estava limpa e cheirosa, imersa num clima de paz, já que livre de quaisquer fontes geradoras de medo.

Fomos forçadas a marchar nessas condições por quase duas semanas. Durante esse tempo, não trocamos de roupa e só lavávamos as mãos e o rosto na neve acumulada no acostamento. Agora, não adiantava mais nos preocuparmos

---

* "De pé, de pé! Continuem marchando!" (N. T.)

com cuidados pessoais e nutrir esperanças. Foi nesse estado que nos fizeram entrar num celeiro abandonado, situado bem no meio de lugar nenhum. Estava escuro, mas, graças à luz que saía pela porta aberta, vimos que, em seu interior, havia várias plataformas cobertas de palha. Esse lugar desolado seria nosso lar durante as três semanas seguintes. Os guardas, com exceção dos que ficaram de serviço, se abrigaram num vilarejo próximo. De lá, traziam, todo dia, um líquido quente, ao qual chamavam de sopa. E só. Deixaram-nos ali, definhando, até morrer.

A dieta líquida, combinada com as condições terríveis e a falta de higiene do lugar, teve graves consequências: a maioria de nós ficou muito doente, afetada por uma forma de disenteria. Outro flagelo que nos havia acossado e que agora voltou a nos atormentar foram os piolhos. Estavam em toda parte — em nossas roupas, nos cabelos, nas meias e nos sapatos. E, por mais que nos esforçássemos, perdíamos toda batalha que travávamos contra eles. Uma vez por dia, quando a carroça chegava com a sopa, tínhamos permissão de sair do celeiro. Do contrário, saíamos de lá somente quando precisávamos urinar ou defecar, o que fazíamos na neve da parte dos fundos. Nessas ocasiões, as que se afastavam muito do local do cativeiro, em busca de privacidade, eram fuziladas. Eu mesma vi a *Oberaufseherin* matar um desses pequenos seres indefesos, cambaleando deploravelmente na neve espessa. Ela atirou nela pelas costas "para impedir que fugisse".

Durante essa fase, perdi, aos poucos, a vontade e depois a capacidade de me comunicar e compartilhar meus pensamentos com as outras colegas prisioneiras. Dominada por irremediável apatia, parei de conversar com as colegas, me fechei e, assim, me isolei de todos, até de Mitzi. As garotas acharam — algumas declararam isso abertamente — que a pobre Helly havia enlouquecido.

Era perigoso cair nessa condição, pois, segundo ditava uma das tácitas leis do campo, a sobrevivência só era possível se a prisioneira fizesse parte de um grupo, e nunca procurasse se virar sozinha. Por entender isso instintivamente, todas procuravam pertencer a uma ou outra das pequenas unidades de sobrevivência, onde seus membros se apoiavam mutuamente, em todas as situações, da melhor maneira possível. Excluir-se do próprio grupo era o mesmo que começar a trilhar o solitário caminho de um peregrino, que podia se transformar facilmente num pária, tal como eu descobriria algum tempo depois.

Foi justamente no momento em que parecia que eu havia chegado ao fim da linha que Vera começou a exercer uma influência quase hipnótica sobre Mitzi. Estava claro que ela se convencera de que, em meu estado de falência física e mental, eu não conseguiria sobreviver, e fez Mitzi acreditar que todo esforço da parte dela para me ajudar era inútil e só serviria para acarretar a sua ruína. Argumentou que, por outro lado, se as duas se mantivessem unidas, apoiando-se, talvez tivessem chances de sobreviver.

Com o passar do tempo, muitas ficaram tão fracas e doentes que não conseguiam mais descer as plataformas do celeiro para alcançar a porta. Elas ficavam deitadas, lado a lado, perto da entrada, com os rostos cobertos pelo cobertor. Mantinham-se tão quietas que era difícil saber se alguma delas ainda estava viva. Pouco depois, muitas morreram mesmo e foram substituídas por outras, cuja vez de ficar lá dentro havia chegado.

Em certa manhã, peguei o cobertor e, sem dizer nada, fui me deitar entre as moribundas. Cobri o rosto com o cobertor e me entreguei nas mãos de Deus. Algumas das outras colegas que me viram deitada entre as agonizantes tentaram falar comigo, porém, como não respondi, suspiraram, deram de ombros e, por fim, pararam de tentar. Não sei dizer como, o fato é que cheguei a me levantar e fui rastejando até os fundos do celeiro, mas entrar na fila da sopa foi demais para mim e, assim, tive de desistir. De vez em quando, eu recuperava a consciência de meu estado e de minha situação, mas, na maior parte do tempo, vivia perdida em delirantes fantasias.

Certa noite, como se fosse uma sonâmbula, me levantei, peguei o cobertor e voltei a escalar, embora com muitas dores, as plataformas para tornar ao meu antigo lugar. Não tive nenhuma alucinação reveladora, tampouco nenhuma voz íntima e norteadora falou comigo, nem nenhuma mão gentil me guiou, mas, mesmo assim, conseguira subir aquela coisa e voltara a me pôr entre os vivos.

Minhas antigas amigas me receberam com indignação e escárnio. Estavam como medo, talvez com razão, de que eu espalhasse entre elas mais doenças e agentes infecciosos, e me disseram, asperamente, que não era bem-vinda. Mitzi estava visivelmente apreensiva e parecia manter distância de mim. Apesar disso, me enrolei no cobertor e fui dormir.

De repente, no meio da noite, acenderam a luz e ouvimos alguém mandar, aos gritos, que nos levantássemos, nos vestíssemos e nos enfileirássemos do lado de fora da porta, em cinco minutos, no máximo. "Vamos seguir em frente!", informou o sujeito, num tom de voz apavorante. Em questão de poucos minutos havíamos obedecido à ordem, entráramos em forma, em fileiras de cinco, fomos contadas — mesmo naquela situação —

e retomamos a marcha. Todas, exceto as que estavam deitadas perto da entrada do celeiro.

Muito tempo depois, no hospital em Lauemburgo, eu soube do destino delas. Poucas horas após nossa partida, algumas garotas, que estavam relativamente fortes, receberam a promessa de serem recompensadas com uma quantidade substancial de comida, desde que realizassem certa tarefa para membros da SS. Assim, foram presas a um trenó e levadas de volta para o celeiro. Lá, toparam com a fileira inteira de mulheres mortas assassinadas a baioneta. Entre as mortas, havia algumas que gozavam ainda de um estado de saúde razoavelmente bom antes da chacina, mas tinham se recusado a deixar para trás irmãs, primas, amigas íntimas. Elas tiveram permissão de seguir o mesmo destino fatídico de seus entes queridos. A tarefa consistia em enterrar esses corpos, para evitar que os membros do Exército Vermelho os achassem. Depois disso, o celeiro foi incendiado.

Passamos a noite inteira caminhando, nos arrastando, tropeçando e manquejando, até amanhecer, quando alcançamos outro vilarejo e outro celeiro vazio. Não sei como, mas cheguei lá junto com as outras colegas. Em dado momento, apareceram com um líquido quente qualquer e, junto com ele, veio a *Oberaufseherin*, que circulou entre nós, abanando a cabeça e resmungando palavrões, que, dessa vez, não eram dirigidos a nós. No dia seguinte, ela separou algumas das prisioneiras, inclusive eu — a dançarina —, para serem levadas, em sua carroça, para nosso próximo destino: uma casa semidestruída, em cujo piso desforrado dormimos. A essa altura, tudo parecia uma fantasia surrealista, sem nenhum traço de racionalidade e lógica. Os guardas nos queriam ver fora do caminho, sumidas, extintas, mas não nos abandonavam de jeito nenhum e nos arrastavam rumo à nossa própria extinção e à deles também. E dependíamos deles para termos a mísera e solitária batata como alimento, e abrigo à noite, os quais somente eles podiam fornecer. Estávamos presos uns aos outros pelo destino, pelo medo e pela desgraça.

No dia seguinte, a mesma coisa: *"Auf, auf, weitermachen!"* Marchamos durante um dia e uma noite inteira, que ficou clara como o dia, iluminada por fogos de artilharia que pareciam vir de um campo ou de uma floresta próxima. A guerra estava muito perto agora e saber disso nos encheu de caríssimas esperanças. A estrada, coberta de gelo, estava quase intransitável. Em dado momento, deparamos, vindo em direção oposta à nossa, uma longa procissão de civis alemães em fuga, com seus carros carregados de pessoas e objetos.

Na confusão, algumas prisioneiras tentaram abandonar as colunas em marcha e fugir para os campos. Os guardas atiraram, mas não pudemos ter certeza se as atingiram ou não. Exaustas como estávamos, algumas de nós não conseguiam mais se equilibrar no gelo e caíam. Eram fuziladas ali mesmo, à vista de todos. Nessa ocasião, meu isolamento do grupo se tornou uma grave ameaça para mim, pois, embora eu não conseguisse caminhar mais sozinha, elas se recusaram a me amparar. As duas supervisoras, numa atitude compreensível, estavam mais preocupadas em se ajudarem, e Mitzi se achava sob o feitiço de Vera, que, como a mais forte em todos os sentidos, havia assumido o comando do grupo.

Foi ela quem advertiu que, agora, o grupo não podia mais se dar o trabalho de me ajudar a prosseguir, me dando os braços como apoio, e que, dali por diante, era cada uma por si. Em certo sentido, ela estava certa, pois eu não era apenas inútil ao grupo, mas também um fardo, e, já que a civilização havia nos abandonado, agora nós abandonamos a civilização e seguíamos a lei da selva, que determina que os fracos devem perecer. Suas palavras, ditas no trecho final da estrada coberta de gelo, ainda ecoam em minha mente: "Ela deu o que tinha de dar; está acabada. Se a deixarmos se pendurar em nós, avançaremos rastejando junto com ela, rumo ao fim dela e ao nosso."

E ainda me lembro do braço de Mitzi se desvencilhando do meu, no momento em que me abandonou.

E, assim, me vi no lado externo da coluna em marcha, com ninguém à minha esquerda e, à direita, nenhum braço em que pudesse me apoiar. Além do mais, meus surrados tamancos escorregavam de forma imprevisível e descontrolada sobre a fina camada de gelo. A estrada estava congestionada e a coluna teve de parar durante algum tempo. Avistei uma vala à esquerda, cheia de neve, e, mais além, uma casa, com uma luz bruxuleante coando-se por suas venezianas.

Tal como numa ocasião anterior, eu sabia que só tinha uma opção. Assim, dei um pulo na direção da vala e deixei que meu corpo tombasse sobre a neve fofa. Enquanto permanecia deitada, a porta da casa abriu. Ouvi vozes, e então nosso comandante supremo saiu de lá, atravessou a vala a alguns centímetros de onde eu jazia estendida e se juntou aos outros na estrada. "Los, los!", ordenou aos gritos. Eles reiniciaram a marcha e, minutos depois, eu me achava sozinha pela primeira vez em quase três anos.

Levantei-me, arranquei o número de prisioneira costurado no casaco e bati à porta da casa. Quando a abriram, entrei e fui parar num recinto muito iluminado e quentinho, onde um grupo de soldados alemães estava jantando. Ficamos nos olhando fixamente, atônitos. De repente, comecei a gaguejar algo em alemão, explicando que eu era uma refugiada germânica e que havia, temporariamente, perdido contato com minha família. Eles riram e um deles observou: "Sabemos perfeitamente de que tipo de família você se perdeu." Em seguida, apontou para um acúmulo de palha num canto, sobre o qual desabei, murmurando um agradecimento. Ficaram cantando, sem prestar atenção em mim, mas uma jovem fardada me deu um pouco de sopa quente e pão.

Algum tempo depois, o soldado que havia falado comigo voltou-se para mim e disse que eu podia ficar ali e continuar dormindo em meu cantinho, mas avisou que eu teria de partir de manhã cedo, antes que o comandante chegasse. Advertiu que, se ele chegasse e me visse ali, seria uma grande catástrofe para todos nós.

Os soldados passaram a noite em sono profundo, ao passo que eu tive um sono leve, com a cabeça cheia de pensamentos e o coração de emoções conflitantes. Várias vezes tive de passar por cima deles para alcançar a porta e tomar um pouco de ar fresco. De manhã cedo, assim que começaram a se mexer, me levantei para partir, mas insistiram que eu comesse um pouco de pão primeiro. Depois, agradeci, trocamos votos de boa sorte e parti.

Avancei penosamente através da neve, procurando me manter bem longe da estrada, até que, por fim, resolvi bater à porta de uma residência. Era uma espaçosa casa de fazenda, pertencente a um fazendeiro polonês, que morava lá com a família. Foram amigáveis comigo e me acolheram, sem fazer nenhuma pergunta. Embora eu falasse checo e eles polonês, nos entendemos perfeitamente, pois estávamos pensando na mesma coisa: "Estamos esperando nossos libertadores, que chegarão em breve." Sentei-me perto de um fogão, que ficava ao lado de um antigo relógio de pé, e, sentindo-me segura pela primeira vez após tanto tempo, tirei o casaco, expondo minhas roupas listradas de presidiária.

Mas então, de súbito, alguém abriu com violência a porta, em cuja soleira vi aparecer um oficial da SS. Brandindo um revólver, ordenou, aos gritos, que eu saísse imediatamente e me juntasse às colunas de prisioneiras em marcha, as quais continuavam a passar incessantemente pela estrada. "Ficarei vigiando-a da janela", advertiu, antes de nos separarmos. Em menos de trinta segundos, eu estava lá fora de novo e, engatinhando através da neve espessa, iniciei minha fuga, avançando em direção oposta à da estrada. Nevava muito e não dava para enxergar quase nada. Quando, finalmente e com muito custo, me levantei, quase trombei num pequeno abrigo. Munida de certa cautela, resolvi entrar. Lá dentro, imersa em semiescuridão, me vi a companhia de um bode manso. Sentei-me ao lado dele e o acariciei suavemente. Foi uma sensação muito agradável e me ocorreu que os únicos animais que eu tinha visto, durante anos a fio, foram os cães dos membros da SS.

Devo ter dormido um pouco e, quando acordei, deparei um rosto com um olhar severo me confrontando e ouvi a voz rouca de sua dona ecoar em meus ouvidos. Era uma senhora idosa, que disse que tinha me visto entrar agachada em seu telheiro e que eu devia acompanhá-la até sua casa. Ela morava numa cabana com Felix, seu filho, um tanto retardado. Ela deixou que me sentasse ao lado do fogão e me ofereceu comida, mas eu estava fraca demais para comer. Embora a idosa não falasse muito, não tirava os olhos de mim. Havia alguma coisa nessa senhora que me advertia para não confiar muito nela.

À noite, me deitei num banco duro e estreito ao lado do fogão, de onde dava para ouvir os estampidos das armas nas proximidades. De manhã, as forças em combate travavam furiosa batalha pelo domínio do povoado. Felix ficava entrando e saindo da cabana, trazendo e buscando, com seu jeito infantilizado, notícias sobre o andamento do conflito. "Os russos estão se aproximando"; "os alemães os puseram pra correr".

Pela primeira vez, a dona da casa me dirigiu a palavra com absoluta franqueza: "Vou entregá-la aos homens da SS se os alemães continuarem aqui, mas deixarei você ficar se os russos tomarem o povoado."

Como se vê, em ambos os casos, ela faria o que seria melhor para si. De repente, após horas de combate, houve um silêncio quase completo. A batalha havia chegado ao fim, porém Felix não voltou para nos contar o resultado. A idosa e eu permanecemos sentadas, nos entreolhando fixamente, em absoluto silêncio. Eu estava numa encruzilhada outra vez, mas não tinha mais a opção de escolher o caminho que deveria seguir.

Dali a pouco, ouvimos passos de botas no pátio. Quando abriram a porta, vi parado na entrada um soldado muito jovem, de pequeníssima compleição, dizer simplesmente: "*Germani kaput.*" Lancei-me na direção dele e enlacei-lhe vigorosamente o pescoço com os braços. Ele pareceu confuso e um tanto embaraçado. Talvez não tivesse entendido que era meu libertador.

Era o dia 11 de março de 1945.

15

O soldadinho russo se retirou apressado e voltou logo depois, acompanhado por um oficial. Esse inspecionou a cabana e disse à idosa que o grande cômodo ao lado da cozinha tinha de ficar à disposição dos integrantes do Exército Vermelho que porventura precisassem dele. Ela concordou com um olhar furioso. Em seguida, ele se voltou para mim e perguntou, com certa formalidade e polidamente, minha nacionalidade e onde eu havia estado nos últimos três anos.

Contei-lhe o que ele desejava saber. Inspecionou minha tatuagem e, quando, finalmente, se convenceu de que eu não era uma espiã alemã, perguntou o que poderia fazer por mim. "Por favor, me dê um cigarro", foi a resposta tola que eu dei, e ele me ofereceu um autêntico cigarro russo sem filtro, que acabou se revelando um verdadeiro castigo, em vez de fonte de prazer.

Na manhã seguinte, apareceu outro oficial. Bastou que olhasse para mim para identificar um de meus problemas mais graves. Ordenou, portanto, com certa rispidez, que a idosa me preparasse um banho quente e queimasse todas as minhas roupas. Explicou que seus homens providenciariam roupas novas para mim. Estas chegaram rapidamente, acompanhadas de sinais claros de que tinham sido confiscadas de alguma casa abandonada por seus ocupantes alemães. O banho se materializou na forma de um enorme barril cheio de água quente. Depois de muitas semanas, aquela era a primeira que eu voltava a me despir. Até então, não havia tirado nem as roupas nem os tamancos em momento algum — para o caso de eu ter de fugir correndo para salvar a própria vida.

Fiquei horrorizada com meus pobres pés e pernas, cheios de marcas de maus-tratos. Acostumados desde a infância a esquiar, excursionar pelas montanhas e nadar, e treinados para serem meus mais importantes instrumentos da dança, felizmente não haviam me abandonado durante a provação do último ano — mas exibiam as marcas de meu martírio. Arroxeados, inchados e cobertos de ulcerações provocadas pela neve, doeram muito quando entrei na água quente. Gritei de dor, porém a idosa não deu a mínima importância e, procurando cumprir sua tarefa com seriedade, me esfregou com satisfação. Tratou, contudo, meus andrajos com interesse e observou, em voz baixa, que seria melhor escondê-los do que queimá-los, pois achava que podiam ser úteis um dia.

Agora que eu estava limpa, me sentia mais parecida com um ser humano, mas ainda estava muito doente e febril. Fiquei preocupada, porém jamais receei que pudesse morrer por causa disso. Afinal, morrer tinha a ver com câmaras de gás, surras e fuzilamentos — o aparato martirizante dos campos de concentração. Ter liberdade significava não temer nada, nem a morte.

Eu ficava a maior parte do tempo sentada ou deitada no banco, observando as idas e vindas dos soldados e tentando pensar, de forma coerente, no que havia acontecido e no que aconteceria em seguida. De permeio a isso, tirava umas sonecas, das quais despertava assustada, fugindo de pesadelos terríveis, o que me fazia sentir um alívio imenso, que nem a má vontade de minha anfitriã conseguia anular.

Um ou dois dias depois, um oficial, muito alto, com um porte majestoso e grave, entrou na cabana. Fez as perguntas de sempre e pareceu satisfeito com minhas respostas: Helena — Praga — Checoslováquia — Auschwitz — Stutthof.

No fim da tarde, seu bagageiro apareceu e pediu que eu o seguisse até o outro cômodo, onde o major solicitava minha presença. Fiquei surpresa e um tanto apreensiva, sem saber o que esperar. Nada — absolutamente nada — poderia ter me preparado para a experiência que eu teria na hora seguinte. Ao entrar no recinto, vi uma grande mesa, coberta com um pano branco limpo, sobreposto com a bandeira soviética como adorno. Estava arrumada para duas pessoas, com talheres, pratos e copos. O major me aguardava de pé, como um cavalheiro que havia convidado uma dama para jantar. "Eu a convidei para jantar comigo", explicou. "Obrigado por aceitar", agradeceu, chamando-me de Ljena. Em seguida, acenou para a cadeira e, enquanto me aproximava, tímida, encheu os copos com uma bebida. Depois, disse muito solenemente, mas com grande simplicidade: "Primeiro, façamos um brinde à vitória final do glorioso Exército Vermelho, à libertação de sua terra natal e à volta segura de seu presidente Beneš." Nenhum sonho poderia ser mais irreal; nenhuma realidade, mais onírica.

Fizemos o brinde solene e depois nos sentamos para jantar. Esforcei-me bastante para ser educada e conseguir comer um pouco da estranha e condimentada comida que tinha no prato diante de mim. Mas foi muito difícil e, após algum tempo, tive de desistir. O oficial falou comigo em russo, com frases curtas e pausadas, para que pudesse entendê-lo, e lhe respondi em checo. O sonho durou um bom tempo, até que, por fim, ele se levantou para anunciar que tinha de se retirar — me saudou inclinando o corpo —, explicando que precisava voltar ao serviço.

De volta ao banco da cozinha, caí num sono intermitente e agitado, no qual via imagens estranhas e ouvia vozes de alguém me chamando a grande distância. Duas palavras — um nome — eram frequentemente repetidas: Donat Urban, que não tinha sentido para mim nem me lembrava ninguém.

A cada interrupção, acordava com tremores de uma violência tão febricitante que tinha de me agarrar ao banco para não cair. O major voltou para a cabana no meio da noite e, ao me ver num estado deplorável, ordenou bruscamente que a idosa desse a mim sua vaga na cama da cozinha. Em seguida, me deitou delicadamente na cama e se sentou ao meu lado para se manter em vigília. Eu estava delirando, acometida por cólicas estomacais muito dolorosas, talvez como resultado da pouca comida que havia ingerido. Sempre que eu gemia muito alto, ele me pegava nos braços, me carregava até o pátio e me punha, cuidadosamente, no tosco banheiro que havia lá. Debilitada, batia fracamente na porta para informar que havia terminado e ele me carregava de volta para a cabana. Fez isso várias vezes durante a noite e não dormiu. Permaneceu sentado ao meu lado, me velando a noite inteira. De vez em quando, punha a mão fria em minha testa e balançava a cabeça. Pouco antes de amanhecer, a febre baixou. Passei a me sentir ligeiramente melhor e recuperei um pouco da lucidez.

Foi nessa inusitada hora do dia que conversamos. Ele me disse que seu nome era Kostja, um engenheiro oriundo de Irkutsk. É a única coisa de que me lembro, além do fato de que me sentia protegida e amparada em sua presença. Assim que amanheceu, ele começou a ficar apreensivo, inquieto, e passou a andar de um lado para outro do recinto. Disse que ele e seu regimento tinham de partir pela manhã. Acrescentou que seu destino era Berlim e que estava contente por participar da batalha final, mas muito preocupado em ter de me deixar ali naquele estado, tão doente.

De repente, porém, deu a impressão de que lhe ocorrera uma ideia. Achou um pedaço de papel rosa no bolso e escreveu uma mensagem nele. Entregou-me o papel com a mensagem, recomendando muito que eu jamais deixasse de tê-la comigo e que a apresentasse a todos os russos com os quais eu cruzasse. Explicou que me ajudariam em nome dele se lessem a mensagem. "Quero que você melhore e volte em segurança para seu país, Ljena, mas não posso permanecer com você", disse tristemente. Fiquei o observando pôr o cinto e o quepe e me surpreendi quando ele pediu que Felix passasse a velar em minha cabeceira. Fez o garoto dar a sua palavra de honra que me ajudaria a alcançar um lugar seguro quando eu melhorasse um pouco. Em seguida, me beijou na testa, bateu continência e partiu. Quando ele fechou a porta, passei a me sentir inteiramente só.

Kostja foi o último soldado russo a se alojar na cabana. Depois disso, profundo silêncio se abateu sobre o local. Ninguém mais se aproximou daquele lugar. À medida que minha dependência em relação à idosa aumentou, sua hostilidade para comigo se intensificou. Não era nem um pouco delicada na avaliação que fazia de minha situação e deixava isso claro com total sinceridade. Não que ela fosse me matar ou me causar danos físicos. É que, mais cedo ou mais tarde, eu morreria por causa da doença, porém, por ela, quanto mais cedo isso acontecesse, melhor. Dando-me o tipo de alimento errado, não permitindo que eu me lavasse ou deixando de me apoiar em minhas frequentes idas ao banheiro externo, ela podia prejudicar minha recuperação. Comecei a me sentir odiada novamente e passei a experimentar um grande desânimo, que instintivamente sentia que poderia ser perigoso àquela altura — e, no entanto, tomei mais uma importante decisão.

Em certo dia ensolarado, quando a idosa se ausentou temporariamente da cabana, chamei Felix e o lembrei da promessa que fizera a Kostja. Perguntei-lhe se poderia me levar a algum lugar do povoado em que eu conseguisse ajuda médica. Ele concordou imediatamente em me conduzir a uma espécie de quartel-general. Foi uma viagem difícil através da neve, durante a qual ele, embora se esforçando muito, ora praticamente me arrastava, ora me carregava precariamente pelo caminho, até que alcançamos uma grande casa de fazenda, que parecia ser nosso destino. Quando abri a porta, entrei e relanceei os olhos pelo recinto, imbuída de certa repulsa por um tipo de ambiente que me era familiar: no corredor, na escada — em toda parte — havia ex-prisioneiros, a maioria deles semiconsciente, estendidos em camas de palha. Médicos e enfermeiras russas se movimentavam entre eles em silêncio.

Enquanto, algo atônita, eu olhava para eles, uma porta se abriu. Nisso, vi um rosto conhecido e, de repente, surpresa e feliz, percebi que era o fazendeiro de cuja casa o membro da SS havia me expulsado. Em questão de minutos, fui cercada por sua família inteira, que me saudou calorosamente, fazendo perguntas, apertando as minhas mãos e me assegurando que, dessa vez, eu estava segura. Levaram-me para sua grande cozinha, onde removeram objetos de um divã para que eu me deitasse nele. Felizmente, acabei conseguindo voltar para esse porto seguro. Kostja teria ficado contente se soubesse disso.

Chamaram uma médica russa, que dava mostras claras de que estava muito ocupada. Assim, só me perguntou que parte de meu corpo precisava ser examinada com urgência. "Meus pés e minhas pernas", respondi sem hesitar. Ela examinou ambos, passou um líquido neles e os massageou com uma pomada. Depois disso, tiveram uma melhora constante.

Fiquei abrigada na casa dessas pessoas gentis por vários dias. Cuidaram de mim da melhor maneira possível, sempre preocupadas com minha saúde e minha dificuldade para apresentar melhoras de forma geral.

Certo dia, um oficial russo entrou na casa. Estava ligeiramente alcoolizado e, quando me viu deitada num canto, demonstrou-se imediatamente interessado. Não entendi por que, de repente, os donos da casa pareciam ter ficado tão nervosos. Com certeza, não havia motivo para receios. Ou havia? O russo se dirigiu a mim com rispidez, mas, como não entendi uma palavra sequer, apresentei-lhe a mensagem que Kostja deixara comigo. O bilhete teve um efeito surpreendente. Após lê-lo com atenção, ficou visivelmente sóbrio e, num tom de voz bem mais delicado, disse ao fazendeiro que providenciasse para que eu fosse levada para um hospital. Depois disso, bateu continência e saiu.

Como o dia amanheceu belo e ensolarado, o fazendeiro e eu deliberamos que eu deveria tentar conseguir uma carona até o hospital mais próximo. Assim, me despedi de meus bons amigos, e nós dois saímos e ficamos parados na estrada, onde ele conseguiu parar um gigantesco caminhão de provisões do Exército, contendo pilhas e pilhas de sacos de farinha. Depois que o fazendeiro trocou algumas palavras com o motorista, este leu com atenção a mensagem no papel rosado e, pouco depois, me pôs em cima de sua carga de farinha sem muita cerimônia.

Após um rápido obrigada e uma breve despedida, partimos, literalmente, numa viagem de arrepiar os cabelos, através de uma zona rural que havia sido um campo de batalha não muito tempo atrás. Segurei firme nos sacos de farinha para me manter viva, na acepção mais verdadeira do termo, pois corria o risco de ser atirada para fora do caminhão toda vez que ele balançava ou serpeava pelos caminhos.

Passaram-se horas. Estava muito cansada e com muito frio quando o motorista parou abruptamente numa cidade. Do outro lado da estrada vi algumas casas grandes com cruzes vermelhas enormes pintadas nos telhados. O motorista me ajudou a descer, apontou para os amigáveis sinais e partiu. Ao chegar a uma das casas, entrei e me vi num recinto desmobiliado, sem adornos, e algumas pessoas sentadas, aguardando. Todas tinham os sinais inequívocos de ex-prisioneiras de campos de concentração e apresentavam sinais claros de que estavam muito doentes. Um médico, todo vestido de branco, circulava entre elas. Quando ele se aproximou, notei, com grande emoção, que falava checo com elas. Por fim, dirigiu-se a mim e disse com um sorriso: "Você deve ter acabado de chegar. Bem-vinda ao Leprosário de Lauemburgo. Eu sou o doutor Urban."

16

O Leprosário de Lauemburgo era um complexo de grandes construções, casarões adaptados. Haviam sido transformados em hospital para abrigar os doentes sobreviventes dos campos de concentração, recolhidos ali depois da libertação dos muitos campos das regiões vizinhas. Era administrado da melhor maneira possível por uma equipe médica russa, ampliada por médicos outrora prisioneiros — como o doutor Urban —, voluntários e enfermeiras alemãs recrutadas pelos nazistas. O oficial-chefe da equipe médica era um major russo, que travava verdadeira batalha com as doenças mortais de seus pacientes e estava tentando vencer a escassez de quase todos os suprimentos médicos necessários para o tratamento deles.

Natural, portanto, que o doutor Urban estivesse ansioso para fazer tudo ao seu alcance — que, dadas as circunstâncias, não era grande coisa, por sinal — para ajudar uma compatriota checa. Ele conseguiu um leito para mim, que tive de dividir com uma jovem que apresentava uma chaga purulenta na perna. Embora nos sentíssemos muito desconfortáveis com a exiguidade da cama, estávamos tão aliviadas por nos acharmos acolhidas em um hospital que não nos queixamos.

Após um ou dois dias de internação, fui transferida para um leito só meu, em outra enfermaria, e, por fim, posta aos cuidados de um médico, que demorou muito para vir me examinar. Ele era um alemão idoso e gentil, que havia se oferecido como voluntário para ajudar naquela situação de emergência. Ficou feliz com o fato de haver achado um paciente com o qual pudesse conversar, em seu próprio idioma, naquela verdadeira babel em que se transformara o hospital, com gente provinda de todas as partes da Europa. Foi dele que ouvi falar na palavra tifoide pela primeira vez. Fiquei aliviada em saber que a coisa que me torturava as entranhas tinha um nome, afinal, e que todos à minha volta sofriam desse mesmo mal.

Foram me passando de uma enfermaria para outra e, com base na avaliação da recuperação progressiva de meus colegas pacientes, aprendi a medir a melhora de meu estado de saúde. O médico fazia questão de seguir as formalidades do monitoramento clínico e ele e sua equipe visitavam as enfermarias todo dia de manhã. Entre os médicos de jaleco imaculadamente branco, havia uma bela e jovem doutora. Certa manhã, depois que a médica se retirara, uma jovem polonesa entrou descontrolada e agitada em nossa enfermaria. Estava transtornada e com a voz trêmula. Perguntou se algum de nós já tinha visto aquela médica. Todos disseram que não, porém, em outras enfermarias, a polonesa teve mais sorte em sua busca de informação.

Aos poucos, o quebra-cabeça foi sendo montado: descobriram, enfim, que a "médica" simpática e sorridente tinha sido guarda da SS de um dos campos de concentração, e muito cruel, por sinal. Estava se passando por médica, talvez na esperança de conseguir fugir depois ou ocultar o próprio passado sob a máscara de boa samaritana. As garotas comunicaram a descoberta ao major, que ordenou que se fizesse um acareamento entre a "médica" e as ex-prisioneiras. Soube que ela foi desmascarada e acabou confessando quem realmente era. Duas horas depois, emitiram um comunicado em todos os quartos e enfermarias informando que a justiça tinha sido feita e que a mulher fora fuzilada.

À medida que meu estado de saúde melhorou, comecei a prestar mais atenção às coisas ao meu redor e às minhas colegas pacientes da enfermaria. Vi que algumas estavam profundamente — talvez para sempre — perturbadas e deprimidas, ao passo que outras, animadas, alegres e conversadoras. Algumas se queixavam de tudo, o tempo todo; já outras estavam interessadas apenas em comer, enquanto outras mais se mostravam totalmente apáticas. Elas falavam polonês, húngaro, iídiche, romeno e, umas poucas, alemão. Quase nenhuma falava checo. Costumavam entoar as canções de seus países e de seus tempos de juventude, além de uma com características nostálgicas, aprendida com soldados russos, que estes adotaram como favorita. Seu título era "Lili Marlene".

Já conseguia me pôr de pé, embora ainda tremulamente, e estava muito mais mentalmente revigorada e alerta quando disseram para nos reunirmos no salão para uma comemoração especial — o Dia do Trabalho. Todos os militares do local estiveram presentes e um número considerável de pacientes e integrantes da equipe hospitalar foi ouvir discursos, assistir ao hasteamento da bandeira e cantar o hino nacional soviético. Depois voltaram para a cama. Alguns dias mais tarde, em 8 de maio, pediram que voltássemos a nos reunir para anunciar que a guerra havia acabado e que a Europa inteira estava livre. Informaram que a Checoslováquia fora o último país a ser libertado. Muitos cantaram bastante e houve grande euforia.

Nessa ocasião, algo estranho aconteceu comigo: chorei. Qual cascata, lágrimas grandes banharam, incontinentes, todo o meu rosto. No ano anterior, havia chorado algumas vezes, de medo, de dor ou simplesmente por exaustão. Dessa vez, foi diferente. Essas lágrimas afloraram de um poço de emoções reprimidas e eram purificadoras, revigorantes, consoladoras e me tornaram humana de novo. Chorei de tristeza pelos que tinham morrido, mas também por amor e gratidão aos que, como Kostja, haviam nos devolvido nossas vidas. Permiti-me chorar de angústia por minha mãe e pensar em Paul com esperança. Comecei a sentir a apatia ser expungida de meu ser e ser substituída por um grande anseio de voltar para casa. Agora, eu queria melhorar e retornar ao lar.

Era primavera, e passei a ter permissão de ficar algum tempo no jardim diariamente. Eu me sentava debaixo de uma árvore, observando passarinhos saltitando no gramado e escutando seu canto exaltado. Colhi algumas flores e, segurando-as, olhei para cima e vi um céu azul, sem nenhuma nuvem. Sentia que essas horas ajudavam o processo de cura tão bem quanto as drogas e os remédios que os médicos me davam.

Um dia, enquanto caminhava pelo casarão a caminho do jardim, deparei um grande espelho. Parei e fiquei olhando. O choque que levei foi como um golpe súbito e doloroso. O rosto que vi refletido no espelho não estava apenas muito descarnado e pálido — sabia que isso era de esperar —, era o rosto de uma pessoa estranha, predominantemente marcado por olhos desnaturadamente grandes. Continuei a me olhar no espelho com assombro. Estava livre agora, protegida, esperançosa de uma vida nova, porém trazia estampada no rosto uma expressão de sofrimento e angústia tão grande que cheguei a me retrair de susto e repugnância, como se quisesse me livrar dele por não considerá-lo meu. Fiquei olhando para ele fixamente, durante longo tempo, tentando achar algum traço de meu antigo eu nessa máscara, até ter de admitir que me acostumara a ficar olhando para rostos tristes em toda parte, mas que, ingênua e arrogantemente, presumira que, com o meu, seria diferente. O tempo me devolveria o rosto saudável de outrora ou este exibiria para sempre a mazela de sofrimento dos campos de concentração, como a tatuagem que eu tinha no braço esquerdo?, perguntei a mim mesma.

Depois disso, meu banho diário se tornou um ritual obsessivo. Eu passava horas imersa na água, me lavando e me esfregando, como se, ao fazer isso, conseguisse me expurgar do passado e dar a mim mesma um novo rosto. As enfermeiras acabaram me advertindo de que ficar mergulhada em água quente demais, durante muito tempo, seria perigoso para meu precário estado de saúde.

Havia dias em que me sentia forte o bastante para fazer planos, porém, noutros, acabava me apercebendo de meu frágil estado de espírito. Um exemplo disso foi o incidente com o chocolate quente. Resolveram servi-lo em nossa enfermaria sem avisar, numa grande jarra fumegante, e seu cheiro agradável nos encheu de eufórica expectativa. Meu leito ficava perto da porta e, depois que a jarra tinha passado por todas as outras pacientes, soube que não havia sobrado nada para mim. Chorei amargamente por causa disso, como se fosse criança, e não consegui parar de chorar, apesar de me sentir extremamente envergonhada de mim mesma.

Depois disso, redescobri meu grande amor pelos livros. Embora não houvesse muitas opções de leitura, recuperei minha paixão por Theodor Storm lendo *Der Schimmelreiter* e devorei uma biografia maravilhosa de

Michelangelo, acho que de autoria de Heinrich Mann. Os livros foram minha principal fonte de nutrientes durante longo tempo.

Chegou o dia em que o doutor Urban veio se despedir de mim. Informou que estava indo para sua casa em Praga. Nunca mais o vi de novo.

Próximo ao fim de maio, boatos alarmantes perturbaram a paz de nossa convalescença: soubemos que a União Soviética pretendia anexar, para sempre, a parte nordeste da Polônia, incluindo a Pomerânia, e que, a partir de então, poderíamos encontrar grandes dificuldades em voltar para casa. Um número considerável de pessoas entrou em pânico, inclusive eu. Eu tinha conhecido uma mulher chamada Annie, da Checoslováquia que estava prestes a deixar o hospital e sugeriu que viajássemos juntas se eu conseguisse alta médica, o que não era tão fácil quanto eu tinha imaginado. A médica encarregada da enfermaria me advertiu dos perigos de uma viagem tão longa como aquela, considerando meu frágil estado de saúde. Mas, como insisti para que me concedesse alta, ela acabou concordando em assinar os formulários necessários, desde que eu assinasse um documento declarando que havia deixado o hospital por livre e espontânea vontade e contra aconselhamento médico.

E, assim, partimos. Após algumas horas de viagem de trem, chegamos a Bydgoszcz, onde tínhamos de nos apresentar no escritório de repatriação local. Lá, as autoridades nos deram um pouco de mantimentos, dinheiro e alguns conselhos, bem-intencionados, obviamente, mas inúteis, sobre como viajar por um país em que a guerra não tinha deixado intacto quase nenhum meio de transporte.

Prosseguimos a viagem no trem por mais algum tempo, até alcançarmos a derradeira parada. Desembarcamos e ficamos horas esperando por outro na estação ferroviária. Isso aconteceu várias vezes. Mesmo porque não havia mesmo tabela de horários, passagens nem funcionários do serviço. Precisávamos saber se havia um trem qualquer com destino ao leste e, em caso afirmativo, embarcarmos nele, o que envolveu um esforço enorme: atravessar, a custo, multidões de gente, geralmente tumultuosas, escalar os degraus dos trens e achar lugar para seguir viagem em pé, sentadas ou agachadas, e sem nos perdermos uma da outra. Lembrei-me, então, da advertência da médica de Lauemburgo.

Numa das estações ferroviárias semiarruinadas, nos sentamos num banco com um polonês, que, tal como nós, exibia as marcas dos campos de concentração. Estava ansioso para conversar, fazer perguntas e dar respostas.

Criei coragem e lhe perguntei: "Que você sabe a respeito de Sobibor?" Ao ouvir isso, ele mergulhou a cabeça nas mãos e começou a tremer. "Não me faça perguntas sobre Sobibor", advertiu. "Nem sequer mencione esse nome." Foi então que eu soube da realidade.

Em cada etapa da viagem de volta para casa, éramos guiadas por placas que exibiam os nomes de grandes estações conhecidas nossas: Poznań, Częstochowa, Katowice. Pelo menos sabíamos em que parte do mapa estávamos.

Um encontro emocionante em Poznań me animou muito. No gigantesco salão de espera da estação ferroviária, pululando de refugiados mal-humorados e perdidos, topei com a jovem húngara que, em Kochstädt, havia cantarolado *Coppélia* para mim. Tivemos tempo apenas para um rápido abraço, trocarmos algumas perguntas e respostas e nos fazermos sinceros votos de um futuro melhor. Mas foi muito bom saber que ela estava viva também e a caminho de casa.

Finalmente, chegamos a Katowice. Atravessamos a pé a cidade semidestruída, rumo a um escritório de repatriação. Dessa vez, eles nos deram 300 coroas checas e um documento de viagem com nossos dados pessoais.

Próximo à noitinha de nosso quinquagésimo dia de viagem, finalmente alcançamos a zona fronteiriça da

Checoslováquia, mas tivemos a infelicidade de sermos informadas de que o trem não avançaria mais um metro sequer. Exaustas, passamos a noite num vagão ferroviário abandonado, na terra de ninguém entre os dois países. Membros de uma família iugoslava, que também estavam tentando achar o caminho de casa, nos disseram, no dia seguinte, que havia soldados russos bêbados perambulando pelas redondezas à procura de mulheres. Os iugoslavos informaram que haviam conseguido desviar a atenção deles, impedindo que seguissem para o vagão em que dormíamos.

De repente, como num passe de mágica, apareceu uma locomotiva, sem nenhum vagão, qual fantasma surgido de uma neblina. O condutor permitiu que seguíssemos viagem com ele na cabine e, da altura relativa em que viajávamos, tivemos nossas primeiras visões de Moravská Ostrava. Ao caminhar por suas ruas, vimos cartazes em toda parte, contando, em frases triunfais, a história da destruição de Dresden, ocorrida quatro meses antes, o que, logicamente, era novidade para nós. Conseguimos pegar um trem para Prostějov, onde, mais uma vez, tivemos de ficar esperando durante horas. Finalmente, acometidas por sentimentos indescritíveis, pegamos um trem com o nome Praha — Praga — pintado nele.

Era um trem de passageiros comum, lotado de passageiros comuns, os quais, no início, nos olhavam de rabo de olho. Os mais suscetíveis viravam o rosto quando percebiam quem eram seus estranhos companheiros de viagem; já outros nos fitavam com franca curiosidade, enquanto outros fingiam que não nos viam. Poucos deles falavam ou conversavam.

Sentei-me ao lado de um homem que estava lendo jornal. Com espiadelas por cima do ombro dele, vi que o nome Truman aparecia várias vezes, em destaque, na primeira página. Criei coragem e lhe perguntei quem era a pessoa chamada Truman. Após me olhar fixamente, por um bom tempo, ele balançou a cabeça repreensivamente e informou, em voz alta, que Truman era o presidente dos Estados Unidos, como todos bem sabiam ou deveriam saber. Fiquei surpresa. Que havia acontecido com Roosevelt? Não soube, pois não gostava de perguntar.

Chegamos a Praga à meia-noite, desembarcando na estação Wilson. Quase caímos do trem e, com nossas últimas reservas de força, nos encaminhamos para a unidade da Cruz Vermelha na estação. A enfermeira do turno da noite estava prestes a encerrar o expediente. Suplicamos que nos desse uma xícara de chá, mas ela disse que não serviam chá àquela hora. Com isso, resolvemos informar de onde vínhamos.

— Quanto tempo vocês ficaram no campo de concentração? — perguntou ela.

— Três anos — respondemos.

— Ora, se vocês conseguiram aguentar três anos lá, vão sobreviver também se ficarem uma noite sem chá — replicou a enfermeira, e fechou o estabelecimento.

Lá fora, a cidade estava sob toque de recolher, então improvisamos uma cama no piso da estação e passamos ali a primeira noite em nossa terra natal.

Era o dia 4 de junho de 1945.

17

De manhã, após uma ducha no sujo banheiro público da estação, ganhamos coragem para enfrentar as ruas de Praga. Minha primeira impressão foi de choque e desorientação. Embora tudo estivesse como antes — ruas movimentadas, formigando de gente, trânsito intenso, barulho —, como eu me encaixaria nisso? Haveria um lugar para mim nesse mundo inalterado e como que ressurgido das cinzas? Annie e eu nos despedimos, mas hesitei, durante longo tempo, antes de embarcar num bonde, onde descobri que "repatriados", como eu, não tinham de pagar passagem.

A casa em que tio Hugo e tia Cilly moravam estava intacta, e a placa com seu nome de morador, ainda fixada na entrada, junto com as demais. Criei coragem para apertar a campainha, porém, quando ele atendeu, só consegui balbuciar meu nome. A porta automática se abriu, entrei e caí desmaiada na frente do elevador. Algum tempo depois, tia Cilly, que tinha saído para fazer compras, me encontrou estendida no chão ao chegar. Ela só me reconheceu quando abri os olhos e falei o nome dela.

Naturalmente, meus tios ficaram felizes ao saber que eu estava viva e tinha voltado, mas não conseguiram esconder seu assombro com a minha aparência. Mesmo após dois meses e meio de minha libertação, eu ainda pesava apenas trinta quilos e trajava roupas esfarrapadas. Disseram que queriam que eu ficasse com eles, embora seu apartamento, que me parecia de proporções magníficas, fosse de fato muito pequeno para uma família de quatro pessoas e mais eu. Para mim, não importava — um colchão num canto qualquer era tudo que eu queria e de que precisava.

Por fim, chegou a tão temida ocasião, quando não consegui mais evitar fazer perguntas. "Onde está...?", "Alguma notícia de...?", "Alguma esperança em relação a...?". As respostas foram simples: os parentes que tinham os chamados casamentos mistos haviam sobrevivido, ao passo que os outros não. Meu tio Alfi e minha tia Tilly, parentes meus por parte de pai, pertenciam ao primeiro grupo e, portanto, haviam retornado, assim que soltos de suas respectivas prisões, para sua casa em Mladá Boleslav.

Com tato e delicadeza, Hugo perguntou sobre minha mãe. Contei-lhe o que sabia a respeito de Sobibor, lugar do qual ninguém jamais voltava. Permanecemos então sentados, em silêncio, até tia Cilly resolver buscar um cartão-postal, que me entregou com um sorriso: era de Paul, enviado de Schwarzheide em 15 de março de 1945. Informava que ele estava bem e que ficaria grato se lhe enviassem um pacote de alimentos. Acrescentou que desconhecia o paradeiro de sua esposa e de sua mãe. As letras apresentavam traços firmes e legíveis e, após dar mais uma olhada na data, fiquei muito esperançosa de que ele ainda estivesse vivo e a caminho de casa.

Não foi fácil para Hugo e Cilly se adaptarem à minha presença no apartamento, tampouco o foi para mim passar a fazer parte de sua família. Nenhum de nós entendia muito bem que eu ainda estava longe da recuperação completa e precisando de tratamento e ajuda física e psicológica. O lugar mais apropriado para mim teria sido uma clínica, mas eu tinha um medo quase patológico de qualquer instituição em que pudesse ficar tolhida e privada de minha liberdade para me movimentar à vontade. Era sumamente importante para mim poder ir e vir a meu bel-prazer, me encontrar com quem eu quisesse e somente prestar contas de meus atos a mim mesma. Afinal, quando fui visitar os amigos, fiquei emocionada com sua recepção amorosa, sua gentileza e sua boa vontade para me ajudar.

Uma pessoa me falou sobre o escritório de repatriação da Cidade Velha, onde era possível conseguir informações sobre ex-prisioneiros que haviam sido localizados desde o fim da guerra. Eu ia lá todos os dias, na esperança de conseguir notícias sobre Paul. Era uma longa viagem, em que eu tinha de atravessar a cidade inteira e caminhar um trecho a pé. Mas nada. Certo dia, cansada e desanimada, à espera do bonde, ouvi alguém me chamar animadamente pelo nome. Era um rapaz que havíamos conhecido em Terezín e que ficou muito contente por saber que eu estava viva.

Conversamos durante algum tempo e, de repente, ele disse:

— Sabe, estive com Paul até o último momento.

— Como assim, até o último momento? — perguntei.

— Ele parecia bem até o início da noite — explicou ele, abanando a cabeça —, mas, de manhã, ele partiu.

— Partiu? Para onde? — questionei, aflita.

— Ele morreu — revelou o rapaz.

Fiquei olhando fixamente para ele, que entendeu que eu não sabia que Paul tinha morrido, e caí em desespero.

— Desculpe-me, mas meu bonde chegou! — exclamou e me deixou sozinha no ponto.

Eu precisava urgentemente de um lugar só para mim, onde pudesse me acomodar bem e refletir se deveria dar prosseguimento à minha vida e sobre como poderia fazer isso. Um amigo gentil me ofereceu um quarto em seu espaçoso apartamento. Fiquei-lhe grata pela privacidade que seu gesto me proporcionou e por ter condições de me entregar à tristeza que me envolvia e dominava.

Cerca de uma semana depois, tocaram a campainha de manhã e, quando fui atender, encontrei Tilly e Afli. "Vista-se e arrume as malas. Vamos para nossa casa em Mladá Boleslav", disseram com firmeza.

Tilly havia passado os últimos seis meses da guerra em Terezín, enquanto Alfi estivera preso em um campo de concentração para maridos arianos cujo crime era não haverem abandonado suas esposas judias. Depois da volta deles e de um reencontro feliz, foram confrontados com um novo problema: Alfi era alemão e falava checo com forte sotaque. Ficaria seguro em Mladá Boleslav, onde todos conheciam seu comportamento exemplar, porém, em qualquer outro lugar, seria arriscado para ele. Naqueles dias de ferozes sentimentos antigermânicos, uma viagem de trem poderia ser perigosa para meu tio. Eu lhes havia enviado uma carta falando sobre a morte de Paul. Eles, por sua vez, deixaram seus receios de lado e vieram me ajudar.

No trem, minha aparência patética serviu como escudo protetor para Alfi. Em Mladá Boleslav, eu teria espaço, sossego, amparo, afeto e ombros amigos quando precisasse; enfim, tudo mesmo, exceto saúde e forças. Em sua ansiedade para ajudar, Tilly e Alfi me levaram ao doutor Springer, que estava em Terezín para revigorar o serviço de saúde. Ele me abraçou e me beijou como se fosse uma criança que tivesse achado um brinquedo queridíssimo, dado como perdido. Após me examinar, declarou, com satisfação, que Tilly e Alfi não precisavam se preocupar tanto, pois tinha certeza de que eu conseguiria vencer minha crise de saúde, tal como vencera as outras.

Fomos também a Trutnov. Em suas ruas, deparei o estranho e irônico espetáculo de pessoas exibindo braçadeiras brancas ou vermelhas. As brancas assinalavam ex-nazistas que, mais tarde, deveriam ser expulsos do país, enquanto as vermelhas indicavam opositores dos nazistas que teriam permissão de continuar em nosso território. Fui visitar Gusti, em cujos braços encontrei paz de espírito por algum tempo. Ela me disse que sempre soubera que eu voltaria para casa um dia, jamais duvidara disso; como prova, pegou o suco de framboesa que havia feito especialmente para mim, já que, quando criança, eu adorava esse suco.

O suco estava ótimo, como sempre, mas me causou um forte enjoo. Esse era o meu problema. Eu não conseguia reter no estômago a comida que Tilly nunca deixava de providenciar para mim, as vitaminas não faziam efeito e o médico local ficou preocupado com a falta de progresso em meu estado de saúde. Quando me apareceram dolorosos abscessos no corpo, não tive escolha a não ser concordar em ser internada num hospital. Os médicos e a equipe de enfermeiros eram gentis e eficientes, porém eu permanecia apática, deprimida e incapaz de cooperar. Mas então o cirurgião teve uma ideia: levou à enfermaria um médico que havia sido prisioneiro também nos campos de concentração e agora era especialista no tratamento de ex-colegas de cativeiro. Ele me examinou e tivemos uma longa conversa; recomendou que minha cama ficasse isolada por um biombo durante um tempo e prescreveu banhos especiais e uma nova dieta. O tratamento funcionou e, aos poucos, passei a apresentar melhoras. Comecei a ingerir as refeições do hospital, bem como a comida caseira de Tilly, preparada com muito amor. E, à medida que fui ficando mais forte fisicamente, saí aos poucos do estado de depressão e apatia. Voltei a ler livros e enviei cartas a amigos e parentes em Praga, que, por sua vez, me enviavam respostas de incentivo e esperança, às quais eu respondia logo depois.

Uma dessas cartas, porém, enviada por minha amiga Hana, ressuscitou muitas dores com notícias chocantes a respeito de Mitzi. Eu tinha sabido, em Praga, que as outras quatro integrantes do grupo haviam sobrevivido à marcha macabra e depois voltaram para casa, mas, em meu estado depressivo, não liguei muito para isso. Lembrava-me de Mitzi apenas com vago sentimento de tristeza e sem nenhum desejo de voltar a me encontrar com ela. Na carta, Hana disse que ela e Mitzi haviam se encontrado por acaso. Quando meu nome foi mencionado na conversa, Mitzi ficou muito agitada. Mostrou-lhe uma cicatriz no braço e lhe contou, com os olhos marejados de lágrimas, que levara um tiro de um integrante da SS enquanto me segurava moribunda nos braços. Disse que a cicatriz a faria se lembrar eternamente de meus últimos momentos de vida. Hana ficou perplexa, uma vez que tinha recebido uma carta, enviada por mim de Mladá Boleslav, apenas alguns dias antes. Na carta, informei que estava me recuperando aos poucos.

Fiquei muito abalada com essa história e, nos recantos mais escuros de minha mente, agitava-se, embora frouxamente, uma ideia de vingança. Mas comecei a pensar seriamente nisso quando, tempos depois, após retornar para Praga, na primavera de 1946, soube, em várias ocasiões, que a demagógica história de amizade fingida de Mitzi havia se espalhado. Certa vez, tive de segurar uma senhora que quase desmaiou quando achou que tinha visto um fantasma viajando em pé no bonde.

E o inevitável aconteceu — Mitzi e eu acabamos ficando frente a frente na sala de espera de um escritório do governo. Eu havia imaginado esse encontro tantas vezes que, quando aconteceu, foi para mim um anticlímax. Mesmo porque, no íntimo, eu havia prelibado esse acontecimento com um *Schadenfreude** plenamente justificável; já para ela, esse mesmo pensamento deve ter sido um pesadelo cruel. Mas o acontecimento em si não teve nada de muito dramático. Tanto assim que fomos tomar café e conversamos durante muito tempo: ela falou sobre seus pungentes sentimentos de culpa, e eu também falei de sentimentos muito dolorosos, só que de abandono. O que ela me explicou, porém, foi o epílogo de sua história e da minha.

Contou-me que, quando ela e as outras participantes da marcha macabra perceberam que eu havia desaparecido, presumiram que eu tinha caído e que acabei sendo

---
*Misto de sadismo com sensação de vitória, de vingança naturalmente consumada. (N. T.)

fuzilada. Acrescentou que, na manhã seguinte, foram libertadas pelo Exército Vermelho e que a maioria delas estava gravemente doente, sofrendo com disenteria e febre tifoide. Em suas febricitantes alucinações, Mitzi imaginou algo que, depois, relatou como se fossem fatos reais. Acabou associando o doloroso ferimento no braço com meu súbito desaparecimento e isso a ajudou a superar seus sentimentos de culpa pelo papel que desempenhara em minha suposta morte. O que imaginara em seus sonhos delirantes tornou-se uma realidade em que ela achou conveniente acreditar com fervor. Jamais lhe passara pela cabeça que, na verdade, talvez eu tivesse sobrevivido.

No fim de tudo, acabamos nos entendendo, mas, quando ela implorou que voltássemos a nos encontrar, tive de recusar. Pouco depois, ela emigrou para a Austrália.

Finalmente, chegou o dia em que me declararam suficientemente recuperada para receber alta do hospital. Tilly foi me buscar e vi um brilho de felicidade em seus olhos. "Tenho uma surpresa para você", disse ela. Era uma carta de Harry, enviada de Belfast, aquela distante cidade em terras estrangeiras.

Era outubro de 1945.

A viagem de Helen para Praga
após ser libertada em 1945

Posfácio

Harry e eu nos casamos no prédio da prefeitura da Cidade Velha, em Praga, em junho de 1947. Antes disso, eu trabalhara em Praga, em regime de meio expediente, como secretária bilíngue. Tive de admitir para mim mesma que ainda não estava forte o bastante para nutrir esperanças de retomar a carreira de dançarina e considerei, com tristeza, essa possibilidade um capítulo encerrado em minha vida.

Cheguei a Belfast no fim de outubro, onde passei os primeiros dois anos aprendendo a entender esse estranho lugar, seu idioma, seus costumes e seu povo. Harry me guiou o tempo todo com tato, paciência e bom humor. Apesar de me sentir protegida e segura, fui atormentada por um pesadelo constante, do qual sempre despertava gritando, apavorada. Ele cessou, para nunca mais voltar, depois do nascimento de Michael, nosso primeiro filho, em 1949. A chegada de Robin, cinco anos depois, assinalou o fim da transição e o início de um período de integração. Dali por diante, comecei a me sentir como se estivesse em casa.

Em 1956, uma oportunidade fortuita, para elaborar a coreografia das danças de uma produção escolar de *A Noiva Negociada*, abriu novas portas para mim. Como a imprensa publicou críticas favoráveis ao meu trabalho, as pessoas que as leram se interessaram e me convidaram para dar aulas de dança para crianças, adolescentes e adultos. Depois disso vieram convites para criar coreografias de peças teatrais e óperas. E, como a chama de meu amor pela dança se reacendeu, percebi, com imensa euforia, que Belfast estava ansiosa e preparada para abraçar a dança moderna, um estilo até então desconhecido na cidade. A riqueza de talentos que descobri entre meus alunos acabou resultando na criação do Grupo de Dança Moderna de Belfast.

Todas as minhas esperanças e sonhos iniciais se materializaram na forma de aulas de dança para jovens talentosos e muito motivados e na constatação de seu progresso artístico. Após longo tempo de estagnação, a dança voltara a ser uma força vital para mim.

Nada disso teria sido possível se eu não houvesse tido total compreensão, incentivo e apoio por parte de

Harry e de meus filhos. Agora, família e dança conviviam harmoniosamente e acabaram se fundindo numa vida de realizações.

Impresso no Brasil pelo
Sistema Cameron da Divisão Gráfica da
DISTRIBUIDORA RECORD DE SERVIÇOS DE IMPRENSA S.A.
Rua Argentina 171 – Rio de Janeiro, RJ – 20921-380 – Tel.: 2585-2000